Geschrei des Raben

1. Auflage Juni 2021

Detaillierte bibliographische Daten sind unter http://dnb.ddb.de bei der
Deutschen Nationalbibliographie abrufbar.

ISBN 978-3-943292-94-7
www.chiliverlag.de

Wolfgang Schimmel

Geschrei des Raben

Dunkle Geschichten

Inhalt

Manchmal

Manchmal
bau ich den Turm aus Elfenbein
aus großen festen Gedanken

Innen verstreich ich die Farbe neu
und glätte seine Fugen

Dann setz ich mich
ganz frei hinein
und suche nach den Fenstern

Chaos

In jenen Tagen
wenn der Baum ganz stumm wird
abfällt
und die volle Stunde im Geiste ihm folgen will
wird Chaos sein

Und dann
sagt man:
Ich weiß nicht mehr, wann das war
Auf stillen Wegen, sagt man
kommt leis ein Pegasus vorbei.

Die brennenden Flügel
hält man anfangs – für einen Stern

Endstation – Destinazione finale

Der Zug, mit dem er fuhr, schon seit Stunden, kam über Bologna, Florenz und schließlich Viterbo. Schaukelnd war seine Fahrt im alten abgenutzten Waggon, der als letzter Wagen angehängt war – vor dessen Schiebefenster mit den blinden Scheiben er bewusst Platz genommen hatte. Hin und wieder ratterten seine Räder hinweg über ungezählte Weichen und dann mit dem harten Schlag des Luftdrucks an den Stellwerkshäusern vorbei. Die wie überall auch hier, wie er fand, fast zu nah an den Gleisen standen.

In der zunehmenden Dunkelheit, die den nahen Abend ankündigte, noch ohne Bezug zu ihm, tauchten die Signale nun deutlicher auf. Nicht dass sie ihn beunruhigt hätten. Ihr Allerlei der Farben, es gab sie in Hellrot, in Dunkelrot, auch ein Weiß war manchmal dabei, dann ein grüner Ton, nein sie sorgten ihn nicht. Denn sie hatten keine Bedeutung mehr für ihn.

Er lachte hilflos und laut. Waren ihm ihre Lichter tatsächlich bereits egal? Niemand, dachte er, und wäre jenem alles noch so bedeutungslos, ist wirklich gern auf dem Weg und kennt die Signale nicht.

Sein Lachen verstummte abrupt. Er dachte nach. Alles, was er sah: Was war es ihm auf seinem Weg jetzt noch wert?

Der Schaffner, ein älterer Mann in Uniform, voller Kompetenz und Sachlichkeit, war der Erste gewesen, der ihn angesprochen hatte. In Mailand. Wo er diesen Zug genommen hatte. Zufällig ausgewählt, wie es schien. Oder war es für ihn doch eine Fügung gewesen? Als er diesen Zug mit diesem Wagen nahm? Der Schaffner war zu ihm nach hinten gekommen, kurz nachdem der Zug sich in Bewegung gesetzt hatte. Als er sachlich ein Stück vom Billett abknipste, nickte er kühl ein *Buon giorno!* an ihm vorbei und war wieder fort. Er blieb zurück, allein auf dieser schäbigen Sitzbank vor dem blinden Fenster im letzten Waggon. Sachlich und kühl – wie er beides inzwischen hasste. Dieser sachlich abschätzende Blick des Schaffners, der kurze Schnitt seiner Zange ins Billett, der ruhige Gang des Mannes nach vorn, hinein in den nächsten Waggon.

Sachlichkeit. So hieß das große Gefühl in Rosas Leben. Und doch war die es gewesen, sie, die ihn als Tagträumer so sehr an Rosa fasziniert hatte. Indem Rosa analytisch alles dachte und tat. Die Welt wurde so erklärbar, einfach alles war ein Schauspiel, das funktionierte, wenn die Figuren immer auf dem richtigen Platz standen.

„Geh doch einfach fort, ich will dich langweiligen Menschen nicht mehr." Gestern sagte sie es kühl in sein Gesicht. Und er ging hinaus, zuerst wie in Trance, dann gefasster, wobei er fest daran glaubte, dass dies für ihn ein Ende ohne seine Chance für einen Neuanfang war. Er war im Leben nie wählerisch gewesen und ihr knappes *Geh jetzt!* hatte ihn zuerst, wie er glaubte, sogar gleichgültig gelassen.

Als der Zug hinter Mailand mit hoher Geschwindigkeit in Richtung Bologna fuhr, begann er in das blinde Fenster neben seinem Platz zu starren. Schemenhaft flogen die Umrisse am Zug vorbei, er dachte an Rosa und dass er sie liebte. Als die Landschaft immer flacher wurde, erkannte er im Sonnenlicht die große und weite Ebene *La Bassa* am Po. Durch die der breite, stille Fluss zog, mit seinen Pappelalleen, und eine der wenigen Brücken, die er immer geschätzt hatte, stand in *Piacenza* als Bogengerüst aus Beton. Über das jeder Zug rasseln musste, wenn er nach Süden fuhr.

Der Balkon, auf dem sie gestanden hatten, als Rosa ihn das erste Mal küsste, lag an der *Piazza Italia*, neben jener Brücke, über die der Waggon auf seinem Weg nun bald den großen Fluss überqueren würde. Regungslos starrte er hinaus. Bald würden sie Piacenza erreicht haben. Rosas und seine Heimat. Und diese Brücke hatte nun, noch bevor sie der Zug befahren hatte, etwas Beängstigendes, Endgültiges für ihn. Er kam jetzt so leicht hinüber, aber er wusste bereits, wie sinnlos sein Weg danach war.

Sein Absturz kam kurz hinter Piacenza. Als er wieder in das blinde Fenster starrte, die Dunkelheit alle Bilder nicht mehr von draußen, sondern aus ihm selber auf die Scheibe warf und ihn flach atmen ließ. Er liebte Rosa. In ihm gab es nichts mehr, um sich dagegen zu wehren.

Er sah er sich noch einmal im Wagen um. Draußen ruckte der Zug und wurde langsamer, fast neigte er sich etwas hinab. Ein beleuchtetes, blau emailliertes Schild, erkennbar durch das Fenster nebenan, zischte leise vorbei. Sie hatten die ersten Häuser von Tiburtina erreicht, dem östlichen Quartier am Rande der Stadt. Eine Flut von schattierten, halb schattierten Flächen in vom blinden Fensterglas gefilterten Farben schob sich herein. Ohne Ende durchquerten sie den Waggon. Wahllos verdrängten sie alles, was er zuvor in seinen Gefühlen gesehen hatte, wurden intensiver und zwangen ihn in ihren Bann. Ohne Bezug zueinander wuchsen sie zu einem wabernden Wesen, das sich immer wieder neu formend mit jedem Schienenmeter über ihn ergoss.

„Geh jetzt. Du langweilst. Du bist kein Mensch, in dem es lebt." Tränen brannte in seinen Augen. Er wandte sich wieder um und sah in die farbigen Schatten.

Noch einmal blickte er sich um. Und als er das tat, spürte er plötzlich, wie etwas in ihm wuchs, schnell größer wurde. Eine Regung, zuerst fremd, die er aber gleichwohl nach kurzem Augenblick akzeptierte, ja freudig aufnahm und wie eine Woge auf sich einstürzten ließ. Atemlos starrte er unter die vergilbte Decke.

Doch, jetzt fühlte er sie deutlich. Die weiße, klare Sonne der Bassa. Der Tiefebene am großen Fluss. Heiß strahlte sie von oben auf ihn herab. Und auch Rosa war nun bei ihm. Schon hatte sie wieder das heiße Licht gierig in sich aufgenommen wie an allen Tagen, wenn sie zusammen mit ihm am Ufer lag. Hatte sie wie immer als Hitze in ihrem Körper aufgespart für die Nächte nach diesen Tagen, wenn sie draußen waren. Verlangend und rufend kamen Rosas kleine Schreie, ihr Wunsch nur nach ihm, den er vor zwei Tagen abgeblockt hatte. Weil er alles nur als Gier empfand, maßlos, zuletzt abstoßend.

Aber da war jetzt dieser neue, klare Gedanke, der ihn restlos durchflutete. Er hatte sich geirrt mit seiner Weigerung vorgestern Nacht. Zurückkommen musste er, jetzt diesen Zug verlassen, sofort, diesen Waggon in seiner ganzen Schäbigkeit. Nichts würde ihn mehr von Rosa trennen. War er doch bereit, seine alten Weigerungen als morsche Worte zerplatzten zu lassen. Gut lief das Spiel, die Trennung zerriss. Nein, nun war er kein Versager mehr.

Er starrte in das blinde Fenster und spürte den Zug sich wieder beschleunigen.

Keuchend stand er auf, taumelte und sah zur Tür. Rosa hatte ihn gerufen, damit er jetzt endlich zurückkehrte, und durch sie erschienen die guten Bilder der ersten Tage, kraftvoll und voller Liebe waren sie, führten ihn in die Richtung zur Außentür. Ihm schwindelte. Nur ein kleiner Schritt durch diese Tür, endlich wäre er wieder mit Rosa zusammen.

Er stolperte weiter bis an die hintere Waggontür. Dann wurde er starr. Denn die Tür vor ihm war verschlossen. Mit der Kraft aus beiden Händen rüttelte er an ihrem Griff, heftig, lange und zwecklos. Bis am Ende alle Bewegung von ihm abfiel. Langsam zog er die Arme zurück und sank zu Boden. Im gleichen Augenblick begannen die Bremsen unter ihm ein dröhnendes Inferno, das leiser wurde und endlich verstummte.

„Destinazione finale" hallten die Lautsprecher aus allen Richtungen. *„Benvenuti a Roma. La città eterna. La*

città della vita." – „Endstation. Willkommen in Rom. Der Ewigen Stadt. Der Stadt des Lebens."

Er öffnete die Augen. Die Sonne über der Straße warf bunte Schatten durch die Vorhänge am Fenster und die Tür zum Wohnzimmer stand einen Spalt breit auf. Rosa hatte die Nacht schlafend vor dem noch laufenden Fernseher verbracht. „Willkommen in Rom. Der Ewigen Stadt. Zu unserer sonntäglichen Matinee der *Lieder des Lebens*", dröhnte im Lautsprecher sich erneut wiederholend die Ansage der RAI 2.

Neben der Tür in ihrem Bettchen stand Julietta, hielt die Gitterstäbe mit beiden Händen umfasst, lächelte und sah ihn fragend an.

Das Gespräch

Die Sonne schien herab und das Dorf lag eingetaucht im hellen Frühlingslicht. Frau Tegethoff schloss ihren Laden auf und hielt dabei aufseufzend einen Augenblick lang inne. Seit gestern gab es das neue Thema im Ort. Eine Gruppe von Asylanten war in der alten Schule eingezogen. Langsam ging sie in das Halbdunkel hinein und schaltete die Beleuchtung an.

„Juten Morgen, Frau Tegethoff, haben Sie dat jute Wetter bestellt?" Frau Struwe, eine Kundin aus der Nachbarschaft, war Frau Tegethoff unbemerkt gefolgt und hatte den Laden betreten.

Frau Tegethoff drehte sich um und musterte erfreut ihre erste Kundin. „Ja, hallo, Frau Struwe, was darf es denn heute für Sie Gutes sein?"

„Ich hätt jern zwee Mettbrütche un een Tass Kaffee. Un een Ostereij dobei, jestellt op de neue Theke he."

„Aber gerne. Milch und Zucker stehen hier an der Seite", bemerkte Frau Tegethoff noch eilig, als bereits die nächsten Kunden den Laden betraten.

„Na, Amelie, heute wieder offenes Haus bei dir?", fragte einer der drei Männer.

Frau Tegethoff lachte. „Na klar, Theo, immer hereinspaziert!"

Theo hatte sich trotz des guten Wetters einen Schal des SC Paderborn mehrfach um den Hals gewickelt und musterte ebenfalls die neue Theke. „Für mich bitte auch zwei Mettbrötchen mit viel Zwiebeln drauf, genau wie bei der Dame hier."

„Aber gerne, mach ich sofort."

Die Männer traten an die Theke und ließen sich von Frau Tegethoff nacheinander mit den Brötchen, Ostereiern und einer großen Tasse Kaffee versorgen.

„Ja, habt ihr denn schon das Neuste gehört?" Eine weitere Kundin war schwergewichtig in der offenen Ladentür stehen geblieben. „Wir haben jetzt sogar Asylanten im Dorf. Die wohnen in der alten Schule." Maria Backhaus holte Luft. „Stellt euch vor, da vorne kommen sogar schon zwei von denen."

Im Dorfladen breitete sich ein tiefes Schweigen aus. Dann folgten drei kurze Schläge, mit denen drei Kaffeetassen hart auf der Theke abgestellt wurden. Jeder sah nach draußen, an Maria Backhaus vorbei, wortlos auf die Straße.

Zwei Männer kamen von unten langsam den sonnigen Bürgersteig herauf. Kurz vor dem Laden blieben beide stehen. Sie hatten Frau Backhaus bemerkt, die als unübersehbare Barriere in der Ladentür stand.

Der größere von ihnen war schlank mit einem schmalen Gesicht und dunkelbraunem Teint, er hatte schwarze, glänzende Haare, die er mit seitlich korrekt gezogenem Scheitel trug. Dazu kam eine Brille mit dunklem Gestell und altmodisch großen Gläsern, die ihren Träger intellektuell aussehen ließ.

Sein Nachbar schien Afrikaner zu sein, untersetzt, mit rundlichem Gesicht, seine an den Schläfen grau melierten Haare ließen vermuten, dass er der ältere von den beiden war. Die beiden Männer sahen sich kurz an, dann nickte der ältere und der jüngere ging einen Schritt auf Maria Backhaus zu.

„Entschuldigen Sie bitte, ist dies der Laden, in dem man Lebensmittel kaufen kann?"

Frau Backhaus verzog erstaunt ihr Gesicht, sie hatte scheinbar nicht erwartet, dass der junge Mann sie in einwandfreiem Deutsch ansprechen würde. Sie nickte knapp, kaum wahrnehmbar.

„Dürften wir dann eintreten?"

Widerwillig und mit immer noch heruntergezogenen Mundwinkeln drehte Frau Backhaus sich halb herum und ließ die beiden nacheinander passieren.

Hinten im Raum stand Frau Tegethoff neben ihrer Fleisch- und Wursttheke, vorne hatten sich Frau Struwe und die drei Männer zu einer Reihe an der Kaffeetheke aufgebaut. Jeder hielt inzwischen seine Kaffeetasse wieder fest im Griff.

Als die beiden die Theke passierten, blickten sie sich erneut an, dann fragte der junge Mann und sah dabei Frau Tegethoff an: „Kann ich bei Ihnen meine Bestellung aufgeben?"

„Aber, gerne!" Frau Tegethoffs Lächeln war weniger dienstbeflissen als sonst. „Was soll es sein?"

„Haben Sie Lammfleisch?"

Frau Tegethoff nickte und antwortete selbstbewusst: „Aber natürlich, junger Mann, wir haben doch morgen Ostern."

„Dann hätte ich gerne zwei Kilogramm davon."

Frau Tegethoff holte ein größeres Stück Fleisch unten aus der Auslage, legte es schwungvoll auf die Waage und bemerkte triumphierend: „Genau zwei Kilo und zehn Gramm." Dann sah sie dem Mann ins Gesicht. „Soll es denn sonst noch etwas sein?"

In diesem Augenblick hatte sich der Ältere von der Theke einen Schritt weit vor seine Nachbarn gestellt und fragte herausfordernd: „Sagen Sie mal, Sie sprechen ja so gut Deutsch." Er räusperte sich. „Darf man erfahren, woher Sie beide kommen?"

„Und dann hätte ich gerne noch ein Säckchen Kartoffeln, ein Paket Reis und eine Packung Nudeln. Was meinst Du, nehmen wir auch noch ein Brot dazu?" Der junge Mann sah seinen Begleiter an und dieser nickte wieder zustimmend. Danach lächelte er, drehte sich langsam um und musterte den Fragesteller, wobei er seinen Blick über den Mann von oben nach unten und zurück wandern ließ.

„Gut," antwortete er nach der kurzen Pause, „bevor bei Ihnen im Ort etwas Falsches gesagt wird, will ich eine Antwort auf Ihre Frage geben. Ich komme aus Afghanistan. Ich habe in einem Dolmetscherbüro gearbeitet. In Masar-e Scharif. Für die Bundeswehr dort. Als viele deutschen Soldaten von Masar-e Scharif nach Kundus verlegt wurden, hatte man in dem Büro keine Verwendung mehr für mich. Da war ich nun, ohne neuen Vertrag und alleine. Einige Leute in der Stadt wussten von meiner Tätigkeit. Sie haben mich dann wissen lassen, was mit Leuten geschieht, die für den Feind arbeiten. Ich war nicht mehr sicher dort. Ich bin nach Deutschland gekommen und hoffe auf meine Anerkennung als Resident. Ich hoffe, die Bundeswehr wird mir helfen."

„Aha, und ihr Kollege da, wo kommt der her?" Der Mann vor der Theke verschränkte die Arme.

„Möchte noch jemand Kaffee haben?" Frau Tegethoffs Stimme klang nun hektisch.

Die beiden Männer tauschten erneut Blicke aus.

„Ich spreche besser Französisch, mein Deutsch ist leider nicht so gut. Verzeihung." Die französische Sprachfärbung des Mannes war nicht zu überhören. „Ischi bin ein Asylant gekommen mit meine kleine Tochter. Wie Sie sehen, isch komme aus Afrika. Isch komme aus Mali. Aus der Provence Mopti. Isch bin Christ, meine Familie sind Christen. Meine Familie war in Bodwal, einem Ort mit einer Kirsche darin. Dort gibt es islamische Milizen, sie bedrohen uns, sie wollen uns töten, wenn wir in unsere Kirsche gehen zu beten. Isch bin Dolmetscher, wie meine Freund ier, für Deutsch ein wenig, gut in Französisch zur unserer Landessprache Sanufa. Aber mon ami," der Mann aus Mali wurde plötzlich unruhig, „lass uns zahlen und gehen jetzt. Isch muss gehen jetzt." Er wandte sich um und verließ den Laden. Er rannte mehr als er ging.

Es wurde still im Laden. Dann erfüllte die tiefe Stimme des jungen Mannes aus Masar-e Scharif den Raum: „Er will nicht darüber sprechen. Nicht bei fremden Menschen. Bei mir hat er es getan. Mein Freund hatte eine Familie zu Hause. Eine Frau und drei kleine Mädchen.

An einem Tag brachte seine Frau zwei von ihnen zur Schule. Sie gingen zu Fuß. Und sie hatten ihr Ziel fast erreicht. Nur noch eine Straßenkreuzung trennte sie von der Schule. Ein Auto fuhr an ihnen vorbei über die Kreuzung und verschwand schnell hinter der Schule. Dann gab es einen dumpfen, bebenden Knall und drei Körper flogen durch die Luft. Drei blutige, tote Körper lagen im Staub der Straße. Die Körper seiner Frau und die seiner beiden Mädchen. Es war eine Sprengfalle, verborgen auf einem alten Handkarren voll Gemüse, der unbeachtet am Straßenrand stand. Die islamischen Milizen hatte die Ladung aus dem Auto heraus gezündet, das gerade über die Kreuzung gefahren war. Ich habe so etwas auch in Afghanistan gesehen. Glauben Sie mir, es ist ein Anblick, den man niemals vergisst."

„Mein Gott, wie schrecklich", sagte Frau Struwe und umspannte noch fester ihre Kaffeetasse.

„Brauchen Sie Hilfe?" Theo mit dem Fußballschal ging auf den jungen Mann zu.

Der lächelte wieder und schüttelte den Kopf. „Ich danke Ihnen, mein Herr. Wir haben gelernt, uns selber zu helfen. Aber ...", der junge Mann sah alle Anwesenden ruhig und einzeln der Reihe nach an, „wir kamen in Ihr Deutschland, weil wir Hoffnung haben. Hoffnung auf Frieden. Und wenn es gut geht, auch auf ein wenig Glück. Für unser weiteres Leben. Darin können Sie uns helfen".

Der junge Mann aus Afghanistan zahlte, steckte seine Einkäufe in die mitgebrachte Plastiktüte und verließ den schweigenden Laden.

Im Dorfladen

Ja, was sagen Sie denn dazu, haben Sie das denn auch schon gehört? Bei Kloths Oma ist eingebrochen worden. Heute Nacht. Stellen Sie sich das mal vor. Und das bei ihrem Alter. Das passiert heutzutage bei uns in Dahlhusen. In unserem schönen Dorf. Ich bin einfach sprachlos."

Maria Backhaus war durch die Ladentür gekommen und betrat schwergewichtig den Gang zwischen den Regalen. Leicht schwankend, aber zielstrebig schritt sie auf die Fleisch- und Wursttheke zu. Die stand hinten vor der Rückwand des Dorfladens. Hinter der Theke, durch die soeben erfolgte Ansprache sichtlich neugierig geworden, wartete Frau Tegethoff, die Inhaberin des Geschäftes. Sie trug einen großen weißen und gestärkten Kittel, davor gebunden eine dunkelrote Stoffschürze, passend zu dem Fleisch- und Wurstverkauf an der Theke. Die übrige Ware des Dorfladens war zur Selbstbedienung in Regalen seitlich des Gangs und in einem weiteren Verkaufsraum ausgelegt.

„Und, hamse dann jet mitjenomme?" Eine zweite Frau, Anfang sechzig, weißhaarig und nicht ganz so schwergewichtig wie die erste Fragestellerin, hatte den Laden betreten. Am Anfang des Ganges war sie stehen geblieben. Das war Frau Struwe. Sie stammte aus dem Rheinland, genauer gesagt aus Köln-Porz. Vor 41 Jahren war sie die Ehefrau von Egon Struwe geworden, sehr zum Leidwesen seiner Eltern. Der damalige Dorfpfarrer Klenke hatte noch vor der Hochzeit ausgleichend einwirken können. Sein *„Aber sie ist doch eine gute Katholikin"* konnte bewirken, dass die Eltern Struwe der Heirat doch noch zugestimmt hatten.

Frau Tegethoff, die nun nach vorne gebeugt stand,

hatte sich mit beiden Hände auf ihrer Fleischtheke abgestützt. Neugierig sah sie von einer Fragestellerin zur anderen.

Frau Backhaus, die noch immer empört war, drehte sich um und musterte nun Frau Struwe. Jeder im Dorf wusste, dass die beiden sich nicht leiden mochten. 1964, beim Königsschießen, hatte Erwin Struwe den Vogel abgeschossen. Dabei war im Vorstand zuvor doch alles ganz anders abgesprochen worden. Heinz Backhaus sollte den König machen und nicht dieser halbe Rheinländer.

„Is dann jet wegjekommen?" Frau Struwe blieb hartnäckig.

„Woher soll ich das denn wissen, ich war doch nicht dabei!"

Frau Backhaus trat einen Schritt vor. „Aber meine Damen, wir wollen uns doch nicht streiten.".

Frau Tegethoff hatte die Wursttheke verlassen und hob beschwichtigend beide Arme. „Das wird sich bestimmt alles aufklären. Dafür wird unsere Polizei schon sorgen."

Frau Backhaus runzelte die Stirn. „Unsere Polizei?", wiederholte sie verächtlich. „Ja, wo ist die denn? Seitdem Hartmanns Rudi im Ruhestand ist, ist doch keiner mehr da. Die sind doch jetzt alle nur noch in Paderborn."

„Ich sach et ja, die Welt jeht langsam kapott. Minge Erwin sat immer, dat jeht nit jut."

„Darf es denn für die beiden Damen ein schönes Stück Apfelkuchen sein? Die Äpfel ganz frisch aus hiesiger Ernte."

Frau Tegethoff lächelte abwechselnd Frau Struwe und Frau Backhaus an. Die beiden nickten nacheinander und Frau Tegethoff eilte in den Nebenraum zum Kuchenregal. Als sie zurückkehrte, standen Frau Struwe und Frau Backhaus dicht nebeneinander vor der Theke. Beide bereit zum Empfang der großen Stücke.

Hinweis aus der Lokalredaktion: Am gestrigen Abend ist es in Dahlhusen zu einem ungeklärten Vorfall gekommen. Einige Dorfbewohner sahen sich daher veranlasst, neben der Polizei auch unsere Redaktion zu informieren.

Im dunklen Wohnhaus der Witwe K. wurde am Abend von genau jenen Anwohnern der umher wandernde Schein einer Lichtquelle bemerkt.

Kurz zuvor war es in dem sanierungsbedürftigen Gebäude zu einem Stromausfall gekommen. Wie sich später herausstellte, war Vikar Korf gezwungen, mit Hilfe einer Taschenlampe nach seiner Lesebrille zu suchen.

Die hatte er beim Besuch der alten Dame am Nachmittag dort vergessen.

Weihnachtsmarkt Paderborn
A.D. 2070

Der Schnee war in großen Schüben schon seit Mitternacht gefallen. Alles hässlich Erscheinende war verhüllt, die scharfen Kanten vom Schnee überdeckt und sanft gerundet, nichts wirkte mehr störend auf den Straßen und Plätzen der Stadt. Es war der Morgen des Heiligen Abends.

Als Jasper die Straße betrat, um von seinem Wohnquartier am Westerntor zum Domplatz zu gehen, hatte der Schneefall fast aufgehört. Im Grau des Dezemberhimmels, der matt erleuchtet wurde durch die Lichter aus den schneefreien Kuppeln der Automatikdächer, tänzelten hier und da noch einzelne Flocken hinunter zur Stadt.

Jasper war heute sowohl dienstlich als auch privat unterwegs. Ende Oktober erst hatte man im Rat der Kommune Paderborn beschlossen, den Wert des Weihnachtsfestes neu berechnen zu lassen. Als ein positives Ergebnis feststand, war umgehend der Beschluss gefasst worden, in diesem Jahr, passend zum Weihnachtsfest, wieder einen Weihnachtsmarkt zu veranstalten. Selbst aus der Fraktion der Androiden, die bei solchen Anlässen schnell mit dem Schlagwort der Ressourcenverschwendung argumentierten, hatte es dieses Mal einige Befürworter für den diesjährigen Markt gegeben. Für Jasper ergaben sich daraus zwei miteinander verknüpfte Aufgaben. Als Kommunikationsassistent KA1 der Stadt war er vom Rat beauftragt worden, den Weihnachtsmarkt sowohl zeitnah zu organisieren als auch für dessen geordnete Durchführung zu sorgen. Stattfinden sollte der traditionell auf dem Platz vor dem Dom.

Das Ende des Marktes war von Jasper als oberstem Ordnungsbeamten für heute auf genau 17.00 Uhr festgelegt worden. Gleichzeit war das sein offizieller Dienstschluss. Und bis dahin hatte Jasper auch noch etwas Privates, für ihn sehr Wichtiges vor.

Dieses Jahr wollte er zum Fest eine große Weihnachtsgans erwerben. Und er hoffte, dass die nach alter Sitte über einem offenen Feuer gebraten worden war. Rundherum knusprig braun und köstlich duftend, welch eine großartige Vorstellung. Allerdings war das illegal. Nicht der der Wunsch nach einer solchen Gans, aber ein Erwerb derselben.

Denn im Rat hatte man auf Antrag der Androiden mit knapper Mehrheit beschlossen, dass auf dem Weihnachtsmarkt aus Sicherheitsgründen offene Feuer untersagt waren.

Ein Kompromiss, aber anders war die Zustimmung zum Markt von den Blechleuten nicht zu bekommen. Doch Jasper war das alles egal, er hatte für seine verbotene Gans einen extra großen Wärmebeutel dabei, der klein gefaltet und nicht erkennbar in seiner Jackentasche steckte

Zur Unterstützung seiner dienstlichen Aufgaben hatte man ihm vom Rat einen zuverlässigen Mitarbeiter bewilligt. Den würde er auf seinem Weg zum Domplatz gleich treffen. Ihm hatte er die Anweisung gegeben, die aufgebauten Markstände fortlaufend zu überwachen und mit dem von Jasper zuvor festgelegten Marktplan zu vergleichen. Außerdem sollte er das Publikum im Auge behalten, das sich heute ein letztes Mal auf dem Domplatz einfinden würde.

„Wahrscheinlich sind auch heute wieder einige der stadtbekannten Anarchos dabei," dachte Jasper noch, dann unterbrach er seinen schnellen Schritt und sah stirnrunzelnd auf seine Schuhe hinab. Äußerlich waren sie in Ordnung, aber ihre Solenheizung war gerade ausgefallen. Und deshalb würde er nach einiger Zeit wahrscheinlich kalte Füße bekommen. Ärgerlich blickte er auf, überlegte kurz und beschloss dann, doch nicht mehr nach Hause zu gehen, um seine Schuhe zu wechseln. Er entschied, das Problem dadurch zu lösen, dass er gleichzeitig beim Gehen die Zehen abwechselnd vor- und zurückschieben wollte.

„Wenn es denn hilft“, dachte er noch, dann wurde seine Aufmerksamkeit durch seinen Mitarbeiter abgelenkt. Der kam eiligen Schrittes von rechts aus der Rosenstraße gelaufen und winkte ihm freudig zu. Auch Jasper hob eine Hand zum Gruß und vergaß seine Füße. Der Ordnungsandroide *O-An* blieb stehen und sagte mit seiner hellen, angenehmen Stimme: „Guten Morgen, Jasper, ich freue mich, Sie zu sehen.“ Dabei leuchtete eine Gesichtshälfte kurz grün auf und zeigte damit an, dass er dienstbereit war.

„Guten Morgen mein Lieber,“ antwortete Jasper und vermied dadurch die offizielle Anrede, gemäß Vorschrift hätte er ihm mit *„Guten Morgen, O-An 136“* anreden müssen. Die 136 stand für die laufende Nummerierung des kommunalen Inventars. Aber er mochte diese Art der unpersönlichen Kommunikation nicht und zog es vor, die Nr. 136 jedes Mal mit *„Mein Lieber“* anzusprechen. Was sich, wie Jasper inzwischen feststellt hatte, wirklich positiv auf das Arbeitsergebnis seines humanoiden Kollegen ausgewirkt hatte. O-An 136 vertraute ihm und ihr Verhältnis bewegte sich auf einer sehr angenehmen Ebene. Häufig war die vertraulicher als jene, die Jasper im menschlichen Kollegenkreis erfuhr.

„Komm, mein Lieber, lass uns schnell weitergehen, meine Füße werden sonst kalt“, bemerkte er und ignorierte dabei O-Ans fragenden Gesichtsausdruck. Beide marschierten mit schnellen Schritten los. Als sie den Rathausplatz erreichten, stand dort, für jeden weithin sichtbar, ein altertümlicher Schlagbaum. Seine beiden Farben rot und weiß sowie die Tatsache, dass es sich um eine Konstruktion aus Holz handelte, war durch den Wunsch des Rates entstanden, den diesjährigen Weihnachtsmarkt so stilecht wie möglich erscheinen zu lassen. Man hatte sich auf das Erscheinungsbild des Jahres 1951 geeinigt. Ob damals dort wirklich ein Schlagbaum als regulierende Absperrung für den Zugang zum Domplatz und damit auf den Weihnachtsmarkt gestanden hatte, blieb allerdings fraglich. Das wurde im Rat nicht als relevant betrachtet und somit nicht weiter diskutiert. Die Möglichkeit, in dem stets senkrecht stehenden Baum und der damit immer geöffneten Zuwegung elegant und für den Betrachter unsichtbar sämtliche elektronischen Überwachungssysteme einbauen zu können, war das ausschlaggebende Argument für diese Lösung gewesen. Als Alternative hätte man sonst das in den Zugängen zu allen Plätzen installierte Straßenkontaktsystem aktivieren müssen. Das war jedoch vom Rat sofort verworfen worden. Es bestand die Vorschrift, dass jeder Bürger der Stadt automatisch über seinen *Implantat Chip* informiert werden musste, wenn er soeben durch einen Straßenkontakt gescannt worden war. Aber durch den senkrecht geöffneten Schlagbaum wurde das überflüssig. So hatte man erreicht, das sich auf dem Weg zum Weihnachtsmarkt für jeden Besucher ein Gefühl von Freiheit einstellen konnte. Was dann der allgemeinen Vorfreude auf das Fest sicher nicht abträglich war.

Jasper und sein Begleiter passierten den Schlagbaum und verlangsamten ihren Schritt. Direkt vor ihnen bewegte sich eine dichte Menge von Besuchern auf den vom Schnee weißen Schildern zu. Es waren viele Leute aus den Randbezirken der Stadt darunter. Jasper bemerkte das an den unterschiedlichen Farben ihrer Mantel- oder Jackenaufschläge. Dieses erst vor einigen Jahren eingeführte System galt als Form maximaler Anwesenheitstransparenz für jeden Bürger. Die Leute aus der Kernstadt trugen sie in der Farbe Grün, andere Farben wie Rot oder Blau waren den Bewohnern aus Mönkeloh oder Schloss Neuhaus vorbehalten. Nur die Anarchos – viele von ihnen galten als Ungebundene, die sich gern freie Bürger der Stadt nannten – waren nach langen Verhandlungen mit dem Rat von dieser Farbmarkierung ausgenommen worden. Sie trugen lediglich ihre neutrale Kleidung und verteidigten diese Sonderstellung bei jeder sich bietenden Gelegenheit.

Jasper hatte durch seine täglichen Kontrollen bei dem Aufbau der Marktstände nebenbei mitbekommen, wie zügig man die Rekonstruktion des Domgeläutes bewerkstelligt hatte. Sofort nach dem Beschluss des Rates zur Durchführung des Weihnachtsmarktes war mit ihrer Installation begonnen worden. Ein Heer von städtischen Arbeitsandroiden wurde mit der Ausführung der Arbeiten beschäftigt, die Verantwortung lag in der Hand des Dombaumeisters. Wie Jasper durch den Mann erfahren hatte, war es nicht schwierig, das Klangbild des Geläutes vollständig zu erstellen. Lediglich die beiden im Jahr 2018 geweihten Glocken, die das E-Dur Geläut im Hauptturm komplettieren, waren etwas anspruchsvoller in der Nachbildung gewesen. Sie wurden seinerzeit im Jahr 2015 nicht aus dem umfassenden Vermögen des Erzbistums erworben. Vielmehr hatte der Erzbischof damals persönlich für ihren Kauf einen massiven Spendenaufruf an die Gläubigen gerichtet.

Endlich hatten die beiden den Schildern hinter sich gelassen und betraten den Domplatz.

Ihnen bot sich eine für Weihnachtsmärkte typische Kulisse. Dort, wo man in Gruppen stand, sich schwatzend für längere Zeit aufhielt, waren die Klassiker aufgebaut. Allesamt Stände, wie sie auf keinem authentischen Weihnachtsmarkt fehlen durften. Man erstand an ihnen Glühwein, Bratwürste, Bratäpfel, Reibeplätzchen und Zimtsterne. Dort, wo es die singenden Christbaumkugeln gab oder wo man als letzten Schrei Weihnachtspyramiden verkaufte, angetrieben von Sanduhren, durch die angeblich originaler Marssand rieselte, ging es deutlich ruhiger zu.

Als Jasper mit seinem Begleiter den zugeschneiten Eingang des Diözesanmuseums erreicht hatte, tippte er *O-An* kurz auf die Schulter. Dabei nickte er mit dem Kopf hinüber zu den Buden, die in der Mitte des Marktes standen. Der Androide verstand ihn sofort und verließ Jasper zur Standkontrolle in die angegebene Richtung. Jasper setzte sich ebenfalls wieder in Bewegung. Inzwischen spürte er seine kalten Füße und schritt, die Zehen in den Schuhen abwechselnd vor- und zurück streckend, parallel zum Dom die Front der dort aufgebauten Stände ab. An einem Zelt mit Obst- und Gemüsepulver blieb er plötzlich wie elektrisiert stehen. Er roch es deutlich. Sicherheitshalber sog er die Luft ein zweites Mal ein. Und wieder umspülte es ihn so herrlich eindeutig.

Spontan hob er seinen Kopf an und versuchte, dabei schnüffelnd hin und her tänzelnd, herauszufinden, woher dieser Geruch kam. Der ihn aufreizend immer intensiver umspülte und weiter hinweg über seinen Standort zog. Wer von den anderen Marktbesuchern ihn jetzt beobachtete, mochte an so manches denken, nur nicht daran, dass er gerade dem höchsten Ordnungs- und Kommunikationsbeamten der Stadt bei der Ausübung seines Dienstes zusah.

Es roch so herrlich nach gebratener Weihnachtsgans, diesem fettigen und dabei leicht angebrannten würzigen Duft, wie er nur beim Braten von Fleisch über einer offenen Flamme entstehen kann. Jasper überfielen schlagartig Erinnerungen aus seiner frühesten Kindheit. So hatte es immer bei Oma in Elsen gerochen. Nachdem sie in der Küche am Heiligen Abend die große Gans vom gusseisernen Grill genommen und dann ihren Reifegrad fachmännisch begutachtet hatte. Später, als die Gans in der großen Stube aufgetragen, zerteilt und danach jedem ein Stück von ihr zugeteilt wurde, waren alle Geschenke immer eine Nebensache gewesen.

Endlich hatte er herausgefunden, von wo der Duft herüberzog. Er kam aus einem Stand in der Nähe, nur drei, vier Buden weit entfernt. Langsam setzte sich Jasper in Bewegung, genau in die Richtung dieses Standes. Gleichzeitig überflog er im Geiste seinen eigenen Aufstellungsplan. Er hatte ihn an alle Standbetreiber übermitteln lassen.

Für die Anbieter von Weihnachtsgänsen in rohem oder fertigem Zustand war darin genau festgelegt, mit welchen Starterkulturen und Wachstumsbeschleunigern die Gänse vorab zu präparieren waren. Das Braten der Tiere über offenem Feuer war streng verboten. Eine Zubereitung durch das Besprühen mit heißen Flüssigrauch oder in Öfen ohne offenem Feuer war dagegen zulässig. Nur das, was da schon die ganze Zeit so herrlich roch, konnte unmöglich aus einer Verarbeitung mit Heißrauch oder aus einem Backofen stammen. Es musste dort eine offene Feuerstelle geben, über der sich Gänse drehten. Ein Jemand hatte in den letzten Stunden des Marktes alle Verbote in den Hintern getreten und das gemacht, wonach ihm wahrscheinlich schon während der ganzen Marktdauer der Sinn gestanden hatte: eine Gänsebraterei veranstaltet, heute, am letzten Markttag, über offenem Feuer. War das nicht wunderbar?

Je weiter sich Jasper der Geruchsquelle annäherte, desto mehr Anarchos begegneten ihm. Alle trugen sie ähnlich große Tüten in den Händen.

Auffällig war auch, dass viele abfällig grinsten, nachdem sie ihn als Ordnungshüter der Stadt erkannt hatten. In den zertretenen Schnee vor sich auf das Pflaster starrend ging Jasper weiter. Dabei konzentrierte er sich auf jeden seiner kurzen Schritte. Langsam kam er so voran.

Er musste noch zwei andere Buden passieren, fast hatte er den Gänsestand erreicht. Erneut blieb er stehen und prüfte den Duft. Eine neue Gruppe von Anarchos kam ihm entgegnen, hielt wenige Meter vor ihm an und baute sich, den Durchgang versperrend, langsam weiter auf. Plötzlich ertönte ein scharfer Pfiff. Schlagartig setzte sich der Pulk in Bewegung und rannte wie eine wogende Wand auf Jasper zu.

In diesem Augenblick gab es einen dumpfen Knall, dem eine kurze, harte Druckwelle folgte. Sie riss die Planen der Buden vor ihm hoch, löste die Wand der Anarchos auf und gab den Blick frei auf einen großen gasbefeuerten Grill. Der hatte sich soeben durch die Gasverpuffung aus seiner Verankerung gelöst und lag umgekippt in der hinteren Bude.

In dem nun folgenden Durcheinander rutschte Jasper langsam die letzte fertig gebratene Gans vom eingeknickten Verkaufstisch entgegen. Geistesgegenwärtig fing er sie auf, bevor sie den matschigen Schnee unter seinen Füßen erreichte hatte und stopfte sie hastig in seinen Wärmebeutel. Dann drehte er sich um und rannte, so schnell er laufen konnte, hinter dem aufgelösten Pulk der Anarchos her. Wieder zurück durch die nun freie Budengasse. Dabei stieß er fast mit seinem *O-An* zusammen, der ihm seitwärts aus einem abzweigenden Gang entgegeneilte. „Nein, Ich bin nicht verletzt," schrie Jasper heiser und rannte weiter, um im Gewirr der nächsten Verkaufsstände zu verschwinden.

Die *Westfalen-Nachrichten* verbreitete noch am Heiligen Abend über das Netz: *Mordversuch an städtischem Beamten auf dem diesjährigen Weihnachtsmarkt. Leider sind alle Beweisstücke abhanden gekommen.*

Die Lampe

Der Wind hatte sich gelegt und als der Regen einsetzte, zeichnete er langsam einen Vorhang aus dünnen Streifen bedächtig auf das Fenster meines Arbeitszimmers.

Vor mir auf dem Schreibtisch stand die Lampe. Zwischen den Stapeln aus halb beschriebenem Papier und den zerknüllten Blättern des letzten Textentwurfes hatte sie ihren Platz behauptet. Was erstaunlich war, denn sie beanspruchte mit ihrem Jugendstilfuß aus schwerer Bronze jene freie Fläche, die für das fertige Werk reserviert war.

Das es aber jetzt noch nicht gab. Ich war wieder einmal zu spät dran mit den zwanzig Seiten, die bis morgen früh zu liefern waren. Vertraglich festgelegt. Also stand die Lampe weiter dort, wohin ich sie gestern nach dem Kauf hingestellt hatte und wartete.

Mit der einsetzenden Novemberdämmerung wurde es rasch dunkel in meinem Zimmer. Ich stand auf und ging in die angrenzende Küche. Mich verlangte nach frischem Kaffee und einer neu gestopften Tabakspfeife. Der zwischen rot und grün wechselnde Schein der Leuchtreklame vom Imbiss gegenüber warf sein Muster in den Raum. Gerade reichte er aus, damit ich sicher zur Tür gelangen konnte. Neben der Tür war der Lichtschalter in der Wand montiert.

Ich drückte auf seine Wippe, flackernd schaltete sich die Neonlampe an und überflutete den Raum mit ungemütlich weißem Licht. Ein weiterer kurzer Tastendruck auf dem Kaffeeautomaten, sein Mahlwerk kam ratternd in Bewegung, und als sich wenig später das heiße Wasser über das frische Pulver ergoss, brutzelte es leise in seinem Gehäuse. Augenblicklich roch es intensiv nach Kaffee, die erste Stufe meines Wohlbefindens war soeben erreicht.

Wieder bereit, den Kampf um die zwanzig Seiten Text ernsthaft aufzunehmen, betrat ich wenig später mit der dampfenden Kaffeetasse in der einen und dem Tabaksbeutel zusammen mit der Pfeife in der anderen Hand erneut das Arbeitszimmer. Das Neonlicht aus der halb geöffneten Küchentür beleuchtete meinen Weg bis zum Schreibtisch.

Nach dem ersten Schluck aus der großen Tasse begann das Ritual des aufmerksamen Stopfens der Pfeife, nachfolgend das Entzünden ihres Tabaks. Vollzogen immer durch den parallelen Abbrand von wenigstens zwei Streichhölzern. Eine duftende Wolke entwickelte sich und zog lang durch den Raum weiter bis zum Fenster.

Ich streckte meine Beine unter dem Schreibtisch aus und sah die Lampe an.

Auf dem Flohmarkt vor der Stadthalle hatte ich sie gestern entdeckt. Ein dürrer Stil mit einem feingliedrigen, aber schweren Fuß aus Bronze. So stand sie auf einer schmuddeligen Kiste, umgeben von anderem Gerümpel. Ihrer Nacktheit hatte mich sofort angerührt.

Als ich den Händler nach dem Verbleib ihres Schirms fragte, hatte der mir nur mit einem Schulterzucken und dem Hinweis geantwortet, dass für diesen Spottpreis nicht auch noch der ursprüngliche Lampenschirm drin sei. Womöglich den auch noch im Jugendstil. Schließlich sei das ein Stück, was sein Vater damals in Berlin noch vor der Währungsreform eingehandelt hatte. Ich könnte mir ja ausmalen, seit wie vielen Jahren er dieses olle Ding schon mit sich rumschleppte.

Der voluminöse Ballonschirm aus Draht und Papier, der die Lampe seit gestern zierte, schimmerte matt im Küchenlicht. Für drei Euro fünfzig hatte ich ihn auf dem Rückweg vom Flohmarkt spontan im Baumarkt gekauft. Jetzt sah er sogar im Halbdunkel lächerlich aus.

Ich rauchte zwei, drei tiefe Züge, stellte die Tasse zwischen den Stapeln vor mir ab, lehnte mich zurück und schloss die Augen.

Wie mochte er ausgesehen haben, ihr erster, vielleicht sogar kostbarer Schirm? Natürlich konnte ich das nicht mehr herausfinden, aber es reizte mich trotzdem, darüber nachzudenken.

Vor mir tauchte mein Schreibtisch auf, seine glänzend polierte Mahagoniplatte war jetzt aufgeräumt. Die zwanzig Seiten Text lagen fertig da, schon als Datei auf einen Stick gezogen und über den PC verschickt. Die Lampe befand sich am alten Platz. Sie stand dort eingeschaltet, der Ballonschirm war verschwunden. Stattdessen schien ihr Licht durch einen braunen Lampenschirm aus Glas matt und warm gedämpft auf den Tisch. Der Schirm war konisch geformt, seine Oberfläche von verschlungenen dunkelbraunen Ranken überzogen, die in waagerechten Streifen mit gleicher Farbe oben und unten endeten

Das also war er, ihr ursprünglicher Schirm. Als ich ihn genauer musterte, hatte er sich aus seiner Halterung gelöst und schwebte kontaktlos über dem Fuß. Gleichzeitig fiel meinen Blick jetzt frei auf ein langes weißes Gebäude mit einer großen herrschaftlichen Auffahrt. Rechts und links wurde sie begrenzt von ebenfalls weißen, aber niedrigeren Häusern. Aus ihren Schornsteinen stieg dünner Rauch langsam empor. Ich erkannte keine Menschen. Alles strahlte eine friedliche Gelassenheit aus, erschien abgesprochen und festgelegt zu sein.

Plötzlich änderte sich das Bild. Ich sah erste Personen, schwarz und dick vermummt in Mäntel und übergeworfenen Decken, die aus den Häusern kamen. Hastig spannten sie im Schnee Pferde vor beladene Wagen und fuhren die Auffahrt hinunter. Alles verschwand hinter dem großen Gebäude. Als die Wagen wieder auftauchten, hatten sie sich zusammen mit anderen Wagen zu einer langen Kolonne verschmolzen, die schließlich als dunkler Strich bis zum Horizont reichte.

Dann tauchte die Kolonne erneut auf. Sie verteilte sich auf einzelne, kleinere Gruppen. Um danach über endlosen Straßen, begrenzt von den Ruinen zerstörter Häuser, zu verschwinden. Eine Person hatte sich aus der Kolonne gelöst, sie trug eine Lampe vor sich her. Ich sah es ganz deutlich. Das war meine Lampe.

Die Person betrat einen großen, von Schutthügeln umgebenen Platz. Er war überfüllt mit Menschen, die sich im Gedränge hin und her schoben, manchmal zu zweit oder zu dritt stehen blieben, um sich dann wieder zu trennen. Ich hörte ein Gewirr aus Stimmen in unterschiedlichen Sprachen. Aber die Stimme der Frau mit der Lampe vernahm ich klar und deutlich. Leise rief sie: „Zehn Zigaretten für die Lampe, mein Herr, nur zehn Zigaretten für diese schöne Lampe." Nach einer längeren Pause wurde ihr geantwortet: „Ik jeb dir sechs Luckys für den Schirm da, den Rest kannze jerne bahalten, wa."

Ich trank den letzten Schluck Kaffee, öffnete die Augen und zog das letzte Mal an meiner Pfeife.

Das also war sie, die bewegende Geschichte ihres ersten Schirmes. Jedenfalls in dieser Version.

Ich schaltete die Lampe ein, betrachtete ihr Licht, dann strich ich sanft über ihren Ballonschirm.

Vielleicht, wenn ich sie zukünftig ordentlich behandle, ihr meine Wertschätzung stets zeigen und ihren Körper nicht achtlos zur Seite schieben würde, vielleicht erzählt sie mir danach noch weitere Geschichten aus ihrem langen Leben.

Abhang

Als die Luft immer stärker nach Schweiß stank und jeder Atemzug ihnen scheinbar lästig wurde, waren die drei Männer aufgestanden. Dicht hintereinander hatten sie den Raum verlassen und der dumpfe Schlag, mit dem der letzte die schwere Tür in das Schloss warf, versetzte ihn, der zurück blieb, in die Hoffnung, dass dieser Schlag jetzt endgültig sei.

Schwer stand die Luft nun überall. Die er in kurzen, heftigen Atemzügen keuchend in sich hinein zog und die er ebenso hastig wieder von sich stieß. Sie hing mit ihrem Gestank auf dem Vernehmungstisch, ebenso wie sie über den drei schwarzen Stühlen lag, mit den bequemen Polstern und den breiten Armlehnen, dort, auf der anderen Seite des Tisches. Wo die drei, ihn fortwährend anstarrend, bis eben gesessen hatten.

Die Zelle mit den fleckigen Wänden, ihrem grauen Boden aus rissigen Fliesen und der niedrigen, schmutzig weißen Decke war inzwischen in die Jahre gekommen. Aber sie funktionierte noch einwandfrei. Dafür hatte schon die alte Regierung gesorgt, als sie damals, lange vor dem Umsturz, diesen Raum schalldicht und grundsolide für ihre Verhöre errichten ließ.

Still war es seither gewesen. Jeder Schrei, jedes Stammeln war untergegangen in ihrer Konstruktion. Unhörbar blieb alles, bereits im neonhellen Gefängnisgang auf der gegenüber liegenden Seite hinter der schweren Tür.

Sein Stuhl stand auf dieser Seite des Vernehmungstisches. Rechts und links hinter der kleinen Sitzfläche war senkrecht eine dünne Stange montiert, beide oben miteinander verbunden durch ein waagerechtes Brett.

„Sitzen Sie gefälligst gerade, wenn wir Sie was fragen," hatten sie ihm erst ruhig gesagt, später hatten sie es nur noch geschrien. Einander abwechselnd, wenn er wieder nach vorne hingesackt war, um dem Schmerz zu entgehen, den die schmale Kante des Brettes in seinen Rücken schnitt.

Langsam, fast vorsichtig, begann er wieder zu sinken.

Zu Beginn des Verhörs, bevor die Männer ihn mit groben Händen auf diesen Stuhl gepresst hatten, glaubte er noch, ihnen gewachsen zu sein. Niemals würde er die Übersicht verlieren, niemals wollte er mit ihnen kooperieren. Damals, seit Anbeginn jener Stunden, die er bereits hier hockte. Das war sein Ziel gewesen. Geschworen hatte er es sich. Standhaft wollte er bleiben. Nichts würde er sagen. Nichts, was den Freunden hätte gefährlich werden können. Keine Namen, Kontakte, keine Adressen. In eigene Widersprüche wollte er sie verwickeln, im Laufe des Verhörs, zu dem er unter dem Vorwand eines klärenden Gesprächs hierher geholt worden war.

Dabei war es jetzt egal für ihn, ob diese Freunde wirklich seine Freunde waren oder nur Weggefährten, Bürger, Genossen, Volksgenossen. Und, war es nicht jemand von ihnen gewesen, vielleicht doch Karla, die ihn nach ihrer letzten gemeinsamen Nacht an das Komitee verraten hatte?

Nachdem er ihr offenbart hatte, dass er bald verschwinden würde.

Jetzt war er endlich so weit, schneller hinab zu stürzen. Hinein in die erlösende Ohnmacht, die ihn gnädig aufnehmen wollte. Um es jetzt dieses eine Mal zu schaffen. Endlich frei zu kommen, um ganz weit weg zu sein.

Aber, es funktionierte auch dieses Mal nicht. Wie bei seinen Abstürzen zuvor warteten sie schon auf ihn. Die gleichen Bilder, seine Bilder in seinem Kopf, erneut bauten sie sich auf.

Die Stadt sah er liegen, die große Stadt am Meer, oder lag sie an den Alpen? Mit der tanzenden Menge.

Viva la Revolución! tobten sie, oder sie marschierten im Gleichschritt vorbei und jeder lag dem Nächsten in den Armen. Die weißen, die braunen und die schwarzen Gesichter. Sie öffneten vor Glück ihre Münder und warfen die Blätter hoch. Unzählige bedruckte Blätter mit großen Überschriften unter einem noch größeren Foto. Was hatten sie noch immer gerufen: *Viva Fidel!, Viva Chomeini!, Heil unserem Führer Adolf!*

Alles sah er auch dieses Mal wieder überdeutlich. Hatte er den Text für diese Blätter doch einst selber mit verfasst. Ihr zuerst billiges Papier war nie ganz weiß gewesen. Berauscht hatte er sich mit ihnen, an ihrer Fülle, die stetig weiter gewachsen war im Kampf auf dem Weg weiter nach vorn. Im Kampf um Freiheit, zur Sonne, zum Fortschritt, zu nationaler Auferstehung.

Dann, eines Tages, hatte er den Widerspruch bemerkt. Zwischen dem, was die Führung sagte und dem, was er durch ihr Handeln erkennen musste. Er hatte begonnen, ihre Revolution, ihre Taten für die große Befreiung so zu beschreiben, wie er sie sah. Mit Karla und den wenigen anderen an seiner Seite.

Dass auch sie nur eine Bewegung war, die wie alle Revolutionen zuvor immer nur das eine Ziel kannte: alle Macht an sich zu reißen, zu herrschen, bedingungslos, ohne Gnade über jeden, auch über jene, die ihnen noch nicht gefolgt waren. Begeistert zu sein von ihrer einfachen Ideologie für Gerechtigkeit und gleichem Wohlstand für alle, das verlangte diese Bewegung, bedingungslos. Außerdem hatte man sein Glück lauthals hinaus zu schreien über die neuerdings versprochene Auferstehung zur nationalen Größe.

Nachdem er seine erste Kritik an ihrer, wie sie es nannten, *reinen Lehre* niedergeschrieben hatte, war das bei den Führern schnell bekannt geworden. Sein Fehler, hatte er doch Karla und den anderen vertraut. Das Komitee verlangte die sofortige schonungslose Selbstkritik, danach nannten sie ihn einen Abweichler, Konterrevolutionär, Halbjuden. Inzwischen galt er als Verräter und sie suchten nach weiteren Kontaktpersonen.

Er fiel nun langsamer, abgebremst, und rang wieder stärker nach Luft. Ein roter Schwall hatte sich ergossen, nach ihrem letzten Schlag gegen seinen Kopf. Über seine Augen, die Nase und über den Mund war er geflossen, dunkel geronnen klebte er im Gesicht fest.

Er war wieder wach, hockte auf dem Stuhl zusammengesackt, gefangen in den grellen Kreisen ihrer Vernehmungslampen rechts und links vom Tisch.

„Verdammt, er blutet ja wie ein Schwein!" Sie waren wieder zurückgekommen, ein Hauch von frischer Luft folgte ihnen nach. Sie waren immer noch zu dritt. Der ältere von ihnen sagte: „Lasst ihn jetzt. Wir brauchen ihn noch. Bald ist er soweit. Morgen vor dem Tribunal wird er alles winselnd gestehen."

Der Mann am Wok

Der Blick ist so starr wie konzentriert. Schräg ist er nach unten gerichtet. Hinein in den Wok über der hellblauen Flamme oben im Brennerfeld des Gasherdes. *Tok, tok, tok,* die immer gleiche Handbewegung, mit der die linke Hand die Schöpfkelle innen auf den Rand des Wok schlägt. Gleichzeitig hatte die rechte den Pfannenstiel mit einer raschen Bewegung zuvor hin und her geschwenkt, damit die Nudelmasse sich wendet und mit der Sojasoße weiter vermischt.

Herr Wuh bedient den Wok hinter der Theke des Restaurants schon lange. So lange, wie ich seit Jahren an jedem Werktag der Woche das Einkaufszentrum durch die große Schiebetür betrete. Nicht dass Herr Wuh mich dabei einmal bemerkt hätte. Er ist zu beschäftigt. Versunken steht er da. Starrt in das gleichmäßige Weiß der kalten Reisfäden, die sich dann langsam über der Gasflamme in das helle Braun gebratener Nudeln verwandelt.

Ein weiteres hartes *tok*. Der Pfanneninhalt wendet sich im Halbkreis erneut auf dem gekrümmten Boden des Wok und wird von ihm anschließend mit einer ausladenden Handbewegung auf einen der bereitstehenden Teller gefüllt.

Jetzt verändert Herr Wuh seinen Standort. Er macht einen Schritt seitwärts und nimmt eine silberne Metallkanne zur Hand, aus er etwas Sojaöl für eine weitere Portion in den Wok gießt.

Herrr Wuh ist ein kleiner schlanker Mann mit alterslosem Gesicht. Ein Gesicht, das in seiner weißgrauen Farbe inzwischen immer regungsloser geworden ist.

Herr Wuh, das habe ich von einer der Bedienungen erfahren, kam aus einer Siedlung der New Territories.

Vor langen Jahren war er von der großen Stadt Hongkong aufgesogen und irgendwann ausgestoßen an diesen Platz gekommen. Angeheuert und damals mit Versprechungen im Kopf, die sich niemals erfüllen werden.

Tok, tok, tok und nach einer kurzen Zeit später wieder ein hartes, abschließendes *tok*. Erneut ist eine Portion fertig und ich frage mich, ob der Mann inzwischen zu einer der menschlichen Funktionalitäten wurde, an die wir uns alle gewöhnt haben.

Langsam gehe ich weiter hinein in das Einkaufszentrum. Das *Tok, tok tok* wird allmählich leiser, um von den Geräuschen der geschäftigen Umgebung endgültig überspült zu werden.

Beim nächsten Mal werde ich zu Herrn Wuh vor seine Theke kommen, ihn dabei ansehen und ihm dann anerkennend mit erhobenen Daumen freundlich zulächeln.

Baustelle Arndtstraße

Als die Kollegen nach dem Meeting das Büro verlassen hatten, war Kriminalrat Schräder mitten im Raum stehen geblieben. Mit verkniffenen Lippen hatte er Josef Weinbaum gemustert.

„Ich hoffe, es war kein Fehler von mir, dass ich mich für deine Beförderung ausgesprochen habe. Ich will Resultate sehen, Josef. Und die schnell. Zwei Tote sind jetzt keine Bagatelle mehr." Schräders näselnde Stimme verstummte, die Tür fiel zu, Weinbaum blieb allein im Raum zurück. Er wartete ab, bis die Schritte im Flur verhallt waren und eine Tür geklappt hatte. Dann stand er auf und quetschte selber näselnd vor sich hin: „Ich will Resultate sehen, Josef. Nein, das ist jetzt keine Bagatelle mehr." Dabei deutete er durch den gestreckte Mittelfinger der rechten Hand an, was er im Augenblick über seinen Kriminalrat dachte.

Josef Weinbaum war seit letzter Woche Hauptkommissar. Außerdem hatten sie ihn zum Gruppenleiter ernannt. Das war kurz vor dem ersten Mord passiert. Er setzte sich in Bewegung und fing an, im Büro und her zu laufen.

Einen Augenblick später stoppte er abrupt und starrte durch das große Fenster ins weiße Sonnenlicht hinaus. Geblendet wandte Weinbaum sich spontan wieder ab, wobei er seufzte: *Noch einer von diesen verdammten Montagen.*

Seit heute Morgen gab es einen weiteren Mordfall in der Stadt. Den Montagsfall Nr. 2. Erneut nach einem langen Wochenende. Und wieder auf einer Baustelle. Wieder in der Arndtstraße. Dieses Mal hatte es die Nummer 23 erwischt. Das Opfer war eine Frau, die bisher niemand vermisst hatte.

Weinbaum blieb mit dem Rücken zum Fenster stehen, vergrub seine Händen in den Hosentaschen und dachte dabei an seinen ersten Montagsfall. Aus der Arndtstraße 17. Der Fall Gores. Der bis jetzt ungeklärt war. Paul Gores, ein junger Bengel, den er am vergangenen Freitag hatte laufen lassen. Obwohl durchaus der Verdacht bestand, dass er den Bauhelfer Akschat vom Baugerüst zu Tode gestürzt hatte. Vermutlich aus Eifersucht. War dieser neue Mord ein weiterer Fall Gores? Ähnliches Umfeld, gleiches Motiv, nur jetzt ein paar Häuser entfernt? Wie zuvor lag das Opfer im Dreck einer Baustelle.

Weinbaum schüttelte den Kopf und verwarf seinen Gedanken sofort wieder. Nein, verdammt, das war ihm zu glatt. Er stand einen Augenblick lang still, dann ging er langsam hinüber an seinen Schreibtisch. Auf dessen brauner Tischfläche lag neben der Akte Gores ein neuer Stapel Papier.

„Gores", murmelte er halblaut, nachdem er sich an den Tisch gesetzt hatte, „dich werde ich noch kriegen. Worauf du dich verlassen kannst."

Auf dem Deckel des neuen Hefters hatte jemand hinweisend den Vermerk *-Arndtstraße, Fall 2-* angebracht. Mit rotem Filzstift ausladend groß geschrieben auf der lindgrünen Hefterpappe.

„Abscheuliche Farbkombination." Weinbau schüttelte wieder den Kopf. Mit seinen Augen die Buchstaben fixierend und dabei tief über die Schrift gebeugt – beinahe hätte er mit dem Gesicht die Pappe berührt – fing er an, mit dem rechten Zeigefinger den Vermerk langsam nachzuzeichnen. Dabei befeuchtete er mit seiner Zunge immer wieder seine Lippen. Nach dem ersten Durchgang hielt er inne. Er beugte er sich erneut der Schrift entgegen und wiederholte das Ganze ein weiteres Mal. Kaum hatte sein Finger die Ziffer 2 erreicht, riss er ihn ruckartig zur Seite, hob seinen Blick und starrte dabei die gegenüberliegende Wand an. Die war inzwischen von der Sonne durch das Fenster komplett erleuchtet.

„Ich habe mich soeben frei gemacht. Ich konzentrierte mich. Und bin jetzt wieder voll da."

Die Wand und das helle Sonnenlicht schienen beeindruckt zu sein.

Weinbaum beugte sich, sichtlich gestärkt, wieder der lindgrünen Pappe entgegen. „Das Tatopfer ist eine Frau in mittlerem Alter", hatte Schräder im Meeting gesagt. Hinter dem Bauzaun des Hauses war sie um kurz nach sechs an diesem Montag vom Polier der Baustelle gefunden worden. Die Nr. 23 gehörte zum Museum für Natur- und Frühgeschichte. Dort sollte das vorhandene Dach abgerissen und der alte Kasten durch eine moderne Glasdachkonstruktion wieder neu aufgemöbelt werden. „Welch eine idiotische Steuerverschwendung", dachte Weinbaum laut, als er den Deckel des Schnellhefters umgeklappt hatte. Er blätterte die Papiere oberflächlich durch, danach arbeitete er gezielter weiter. Jede Seite nacheinander betrachtend las er, was da an Informationen schon vermerkt war. Doch es standen dort bis jetzt nur die ersten Daten der Spurensicherung. Als kurzer Vorbericht, in klare Struktur und säuberlich aufgelistet. Man hatte bei der Toten keine Ausweispapiere oder weitere persönliche Gegenstände gefunden. Der Zeitpunkt des Todes wurde in der Nacht von Samstag auf Sonntag vermutet. Das war ungenau, aber die Obduktion stand ja noch bevor. Allerdings waren ungewöhnlich tiefe Fußspuren entdeckt worden. Sie führten von der Tür im Bauzaun direkt zum Fundort der Leiche.

Weinbaum wälzte die ganze Akte von vorn bis hinten ein zweites Mal durch und hielt bei den Fotos inne, die in der Anlage eingeheftet waren. Das erste zeigte die Frau aus einer Höhe von zirka sechs Metern. Die Aufnahme war aus dem dritten Stockwerk des Museums erstellt worden, wie der Vermerk auf dem Foto auswies. Sie lag mit am Körper liegenden Armen und lang ausgestreckten Beinen da, abgelegt wie eine Schaufensterpuppe. Das weiße Sommerkleid erschien auf den Foto unversehrt. Nur am Hals der Frau gab es einen Kranz aus ineinander geschmierten blutigen Flecken. An einigen Stellen waren sie von helleren Streifen durchzogen. Als würde die Tote eine gemusterte Halskrause aus dunkelrotem Samt tragen.

Während Weinbaum das nächste Foto betrachtete, war er sich sicher, wodurch die hellen Streifen entstanden waren. Das Bild zeigte das Gesicht der Toten in einer Nahaufnahme. Ihr Kopf war im Bereich des vorderen Schädeldachs eingeschlagen worden, die hellen Streifen am Hals waren die Reste von Gehirnwasser, das nach dem Schlag aus dem Kopf gelaufen war. Durch das vom geronnenen Blut dunkel verschmierte Gesicht konnte man nur erahnen, wie die Frau vor der Tat ausgesehen hatte. Am eindringlichsten aber waren ihre aufgerissenen Augen. Blutunterlaufen von vielen geplatzten Adern durchzogen starrten sie am Betrachter vorbei.

Weinbau klappte den Deckel wortlos zu, musterte noch einmal kurz dessen lindgrüne Pappe, stand auf und verließ mit seinem Sommermantel über dem Arm den Raum.

Er verließ das Präsidium durch den Haupteingang und trat hinaus in das Sonnenlicht. Durch seine kürzliche Beförderung stand ihm als Dienstwagen jetzt ein Mittelklassefahrzeug neuerer Bauart zu. Weinbaum hatte jedoch bei Schräder durchgesetzt, dass er auch weiterhin seinen alten Golf II für Dienstfahrten benutzen konnte.

Allerdings war keiner der Kollegen bereit, in der alten Laube von ihm mitgenommen zu werden. Und gerade das war es, was Weinbau gewollt hatte. Denn so konnte er beim Fahren alles tun, wonach ihm gerade der Sinn stand. Laut fluchen, nachdenken, oder, was er sehr gerne tat, ungestört auch einmal laut Bariton singen. Wenn alles gut lief im Job.

Weinbaum schritt ohne Eile auf den Parkstreifen vor dem Bürgersteig zu. Dort stand sein Golf und ließ die rote Lackierung in der Sonne matt erglänzen. Er schloss ihn auf, warf den Mantel auf den Beifahrersitz und schwang sich hinter das Steuer. Mit lässiger Handbewegung zog er dann den Zündschlüssel hervor. Schräder, dieser glatte Beau mit goldener MIDO-Uhr am Handgelenk und immer einem Tüchlein im Jackett, Schräder, der konnte ihn jetzt mal. Weinbaum startete das Fahrzeug, gab verhalten Gas und zockelte dann mit mäßiger Geschwindigkeit davon.

Als er den Kesselbrink hinter sich gelassen hatte und den Jahnplatz passierte, ließ ihm der Verkehr gerade so viel Zeit, dass er noch einen kurzen Blick auf die Standuhr dort werfen konnte.

Schon viertel nach neun zeigten die Zifferblätter an. Und das machte Weinbaum jetzt doch nervös.

„Heute bist du tatsächlich spät dran, Josef", sagte er ärgerlich und gab dem Golf zum ersten Mal die Sporen. Der schoß ruckend nach vorn und drängte dabei die nächsten Fahrzeugen so brutal ab, dass die seine Aktion zuerst mit quietschenden Reifen und danach mit aggressivem Hupkonzert quittierten. Allerdings hatte Weinbaum vor seiner Abfahrt vergessen, noch das mobile Blaulicht auf dem Wagendach zu montieren.

Heute lief es wirklich nicht gut für ihn. Beinahe wäre er mit überhöhter Geschwindigkeit auch noch zu weit gefahren. Er fluchte laut und bog unvermittelt in großem Bogen in die Arthur-Ladebeck-Straße ein. Ein weiteres kurzes Stück, dann zweigte links die Arndtstraße ab. Doch anstatt jetzt zügig weiterzufahren, beschloss Weinbaum, noch einmal einen Blick auf die beiden Fotos zu werfen. Er hatte sie beim Hinausgehen an sich genommen und unter seinen Mantel gesteckt. Er bremste ab, bugsierte den Golf auf den breiten Gehweg und zog bei laufendem Motor die Fotos hervor. Vielleicht war es ein Zufall, das sein Blick zuerst auf die Schuhe der Toten fiel. Es waren weiße Pumps mit auffällig klobigen Absätzen. Sie wirkten im Dreck der Baustelle so makellos und unversehrt, als hätte die Tote sie noch nie zuvor benutzt. Als wären sie direkt aus einer Schaufensterauslage geholt und später der Toten übergezogen worden.

Weinbaum steckte die beiden Fotos zurück, holte tief Luft und musterte sich in Gedanken kurz selber im Rückspiegel. Dann gab er wieder Gas und verließ in zügiger Fahrt und mit rumpelnden Stoßdämpfern den Gehweg.

Von der Einmündung in die Arndtstraße bis zum Fundort der Leiche waren es nur wenige hundert Meter Fahrweg. Die Straße machte noch eine Biegung und gab dann den Blick frei auf sein Fahrziel. Das friedlich und ohne Dachstuhl in der Morgensonne lag. Weinbaum ließ den Golf langsam weiter rollen und musterte aufmerksam das vor ihm liegende Bild. Er begann unten beim Bauzaun, ließ dann seine Augen höher steigen und den Blick schließlich an einer waagerechten Bretterschalung enden. Dort hatte der alte Dachstuhl auf dem Mauerwerk gestanden. Der hölzerne Bodenbelag des Dachbodens musste ebenfalls abgerissen werden und durch einen neuen Betonboden ersetzt werden. Auf dem sollten später die Stahlstützen für das neue Glasdach verschraubt werden.

„Tja", sagte Weinbaum und sprach sein Ebenbild im Rückspiegel zum zweiten Mal an, „Josef, manchmal sind die komplizierten Dinge die einfachen Dinge, und später ist es dann wieder umgekehrt."

Er bremste seine mäßige Fahrt abrupt ab, der Golf neigte sich trotzdem wieder nach vorn und blieb dann vor dem Bauzaun stehen. Weinbaum stieg aus, zog sich den Mantel über und schlug laut die Wagentür zu. Er überquerte den Gehweg und war gerade dabei, durch die Tür im Zaun auf dem Baugelände zu verschwinden, als man ihm von der Seite ein Mikrofon entgegen hielt.

„Guten Tag, Herr Hauptkommissar, wir gratulieren ganz herzlich." Die männliche Stimme des örtlichen

Radios klang sympathisch und warm. Weinbaum, der noch in der Tür stand, drehte sich sofort um. Es schien, als wolle er darauf jetzt etwas ganz Spezielles antworten. Er besann sich jedoch und sagte mit übertrieben jovialer Stimme: „Aha, der Sender der Heimat. Natürlich wieder an vorderster Front, da wo immer das Blut fließt. Wozu, bitte, gratuliert ihr mir?"

„Zu Ihrer Beförderung natürlich, Herr Hauptkommissar. Nicht zu dieser abscheulichen Mordtat," erwiderte die Stimme vom Radio. „Es ist doch schon wieder ein Mord, oder? Jetzt der zweite innerhalb so kurzer Zeit und dann auch noch zufällig in der Nachbarschaft der ersten Tat. Zum ersten Mord gibt es doch schon einen Hauptverdächtigen, Herr Hauptkommissar. Oder?"

Weinbaum hielt nur kurz den Atem an, danach zog er lächelnd beide Mundwinkel hoch und erwiderte mit warmer, sonorer Stimme: „Herr Redakteur, obwohl Sie offensichtlich doch schon alles genau wissen, darf ich Sie trotzdem auf die Pressekonferenz hinweisen, die für die Sie heute um 17.00 Uhr im Präsidium beginnen wird. Und jetzt weiterhin einen guten Tag."

Der letzte Satz klang weniger freundlich. Aber das Mikrofon wurde tatsächlich ohne Erwiderung zurückgezogen und so konnte Weinbaum endlich die Tür hinter sich schließen.

Das Gelände vor ihm zeigte das typische Bild einer größeren Baustelle. Man sah verschiedene Materialstapel, ettliche Kies- und Sandhügel und zwei Standsilos mit Trockenmaterial für die Estrichleger. Daneben lagerten, in verschieden Gestellen abgelegt, die verzinkten Stahlbauteile für die neue Dachkonstruktion.

Am hintersten Sandhügel standen zwei Männer und eine Frau. Es waren die Kollegen Schmidt und Steinkamp aus seiner Abteilung, die Frau hieß Jungblut. Beide Beamte waren als erste heute Morgen am Tatort gewesen und Frau Jungblut war als Nachhut der Spurensicherung noch da.

Alle drei wirkten erleichtert, als sie Weinbaum kommen sahen. Sofort traten sie zurück und machten den Blick frei, damit Weinbaum erkennen konnte, was dort auf dem Boden zwischen ihnen lag. Es war eine olivgrüne Plastikplane mit der Aufschrift *Wache-Nord*. An der Weinbau zugewandten Seite stachen die weiße Damenschuhe hervor, die Weinbaum schon kannte.

„Guten Morgen, Frau Jungblut, guten Morgen, Kollegen", sagte Weinbaum grüßend, „und vielen Dank für ihre ausgezeichneten Fotos, Frau Jungblut."

Die Angesprochene fuhr leicht zusammen und nickte stumm.

„Sie haben schon alles im Kasten", unterstellte Weinbau und sah dabei Frau Jungblut an. „Wir können sie jetzt anfassen?"

Die nickte ein zweites Mal und Weinbaum hob mit einem Ruck die Plane hoch. Was er erblickte, wirkte noch eindringlicher als das, was die beiden Fotos schon vorher gezeigt hatten. Der Kopf der Toten wies ein tiefes Loch auf, eingestanzt in den Schädel durch offenbar einen einzigen brutalen Schlag. Das verschmierte rotblaue Gesicht starrte mit den blutunterlaufenen Augen leer nach oben. Ein Kranz aus Blutflecken, durchzogen von den hellen Streifen, endete direkt unterhalb des Kehlkopfes.

Weinbaum beugte sich nach unten und betrachtete aufmerksam den dünnen dunkelblauen Strich, der den blutigen Kranz am Hals unter dem Kehlkopf abschloss. Diese filigrane Linie hatte er auf dem Foto bisher glatt übersehen.

Er richtete sich wortlos wieder auf und befahl er den beiden Männern: „Dreht sie bitte zur Seite, so weit, bis ich halt sage!"

Schmidt und Steinkamp setzten sich sofort in Bewegung.

„Halt", sagte Weinbaum, als die Tote auf der rechten Körperseite lag, „haltet sie einen Augenblick lang so fest! Wie ihr seht, gibt es auf dem Rücken eine breite Schleifspur." Die drei nickten. „Auch die dunkle Linie hier am Hals ist interessant. Ich bin gespannt, was das Labor dazu meint. Frau Jungblut, Sie haben auch Abstriche von ihren Schuhen genommen?"

„Aber natürlich!", antwortete die, in ihrer Stimme klang ein leichter Vorwurf mit. „Wir haben bis jetzt nur leider nichts wirklich Brauchbares gefunden. Bis vielleicht auf die Schleifspuren am Rücken. Sonst nichts, an ihren Schuhen gibt es nicht einmal den üblichen Dreck, der hier überall zu finden ist. Es gibt allerdings tiefe Fußabdrücke, die von der Zauntür bis zum Fundort führen. Die Tür war aufgebrochen, als der Polier heute morgen die Tote gefunden hat. Sehr wahrscheinlich, dass sie von draußen hereingetragen wurde und der Täter sie hier nur abgelegt hat."

Steinkamp und Schmidt sahen sich an, danach nickten beide Weinbaum zu. „Schon möglich, Josef, das könnte so passen."

„Wo steckt der Polier? Holt ihn mir bitte," antwortete Weinbaum darauf hin und blickte nachdenklich die Hausfassade hoch. „Und, Frau Jungblut, da Sie jetzt hier fertig sind, lassen Sie bitte die Tote für alles Weitere abholen. Umgehend."

Frau Jungblut griff zum Handy während die beiden Männer im Inneren des Gebäudes verschwanden. Nach wenigen Augenblicken kamen sie mit dem Gesuchten zurück.

„Sie schon wieder!", entfuhr es Weinbaum, als er den Mann erkannte. Worauf der so Angesprochene verlegen grinsend im Gebäudeeingang stehen blieb.

„Guten Tag, Herr Kommissar," sagte der Polier Egon Bratfisch und fügte erklärend hinzu: „Ich bin nur auf Urlaubsvertretung hier. Morgen bin ich wieder weg, bin dann wieder auf dem Neubau Arndtstraße. Da hatten Sie mich ja schon wegen dem Akschat und dem Gores befragt."

„Schon gut", knurrte Weinbaum und tat so, als habe

er den letzten Halbsatz überhört. „Wie wir bereits wissen, haben Sie die Tote gefunden."

Bratfisch nickte wortlos.

„Jetzt zeigen Sie mir zuerst den Weg nach oben bis hinauf in das Dachgeschoss. Sie werden sich ja hier auskennen."

„Gewiss, gerne doch, Herr Kommissar!", versicherte Bratfisch, drehte sich um und lief dienstbeflissen los, wobei er jede zweite Treppenstufe übersprang, um rasch im Treppenhaus zu verschwinden.

Auch Weinbaum setzte sich in Bewegung und folgte ihm, jede Stufe einzeln nehmend, langsam nach. Im ersten Stockwerk sagte er zum nachfolgenden Steinkamp: „Ich gehe das Gebäude jetzt vollständig ab. Geschoss für Geschoss, von oben bis unten. Und alleine. Kollege Schmidt und du, ihr stellt bitte fest, ob der Bratfisch ein Alibi hat und ob jemand aus seinem Umfeld die Tote kennt. Nehmt die Fotos aus der Akte mit. Die anderen vom Bau hier befragen wir später."

Weinbaum griff in seinen Mantel und händigte Steinkamp die beiden Aufnahmen aus. Dann sagte er noch: „Ich kenne den Mann von dem anderen Todesfall hier in der Straße. Der lügt schon, noch bevor er den Mund aufgemacht hat."

„Gleich jetzt?", fragte Steinkamp unsicher.

„Sofort!", erwiderte Weinbaum und ging langsam weiter die Treppe nach oben.

Als er das Dachgeschoss erreicht hatte, blieb er auf dem Treppenpodest stehen. Am anderen Ende erwartete ihn ein heftig atmender Bratfisch, der dazu auch noch kräftig schwitzte. Mit seinem Körper verdeckte er den Eingang zu einem kleinen Raum hinter sich.

„Sie sind ja völlig außer sich, Herr Polier", stellte Weinbaum sachlich fest. Haben Sie etwa keine Kondition mehr?"

„Doch, doch, Herr Kommissar, aber man ist ja nicht mehr der Jüngste."

„Sagen Sie mal, Herr Bratfisch, was befindet sich eigentlich in den Räumen hier oben?"

Bratfisch musste noch einmal tief durchatmen, bevor er antworten konnte. „Hier oben, da, da gibt es eigentlich nichts Besonderes. Da liegt hinten überall nur Gerümpel rum, wissen Sie, Herr Kommissar, noch vom Abriss vom alten Dachstuhl her."

„Und dieser Raum hier?" Weinbaum deutet mit der Hand auf den kleinen Eingang, den der Polier noch immer versperrte.

„Der da?", fragte Bratfisch und holte erneut tief Luft. „Ach ja, das, das ist unser Werkzeugraum. Den, den haben wir ausnahmsweise hier oben. Wir haben im Moment keinen Kran hier stehen. Da wollen wir nicht immer mit unserem Werkzeug über die Treppe hoch, weil wir im Moment hier oben sind."

„Was arbeiten Sie im Moment hier oben?"

„Na, wir haben betoniert."

„Was haben Sie betoniert?"

„Na, hier vorne, einen Teil vom neuen Boden vom Dachgeschoss doch. Bevor das neue Glasdach kommt."

„Wann haben Sie den Boden betoniert?"

„Na, am Freitag."

Bratfisch stand noch immer unbewegt vor dem Eingang des kleinen Raumes. Neu war jetzt, dass er einen Zimmermannshammer aus der Schlaufe an seiner Arbeitshose gezogen hatte, den er mit beiden Händen langsam um die Achse des Hammerstiels drehte.

Weinbaum trat vor und ging weiter bis zum Ende des Treppenpodestes. Vor ihm lag, nur durch eine Dehnungsfuge vom Podest getrennt, der schon fertig betonierte Teil der neuen Bodenfläche. Sie war vollständig mit einer grauen Schutzfolie bedeckt, die in der Sonne matt glänzte.

„Kann ich den Boden jetzt betreten?", fragte Weinbaum, drehte sich halb um und betrachtete den Polier aus seinen Augenwinkeln. Der murmelte jetzt etwas Undeutliches und starrte, inzwischen wieder ruhiger atmend, vor sich über seinen Hammer hinweg auf den Boden.

Weinbaum verzichtete auf weitere Fragen und ging weiter vor bis an ein hölzernes Sicherheitsgeländer, das die betonierte Fläche begrenzte. Dahinter befand sich der noch nicht abgerissene Teil des alten Holzfußbodens. Er warf einen kurzen Blick auf die dort angrenzenden Räume. Vor deren Eingängen lagen tatsächlich noch etliche Balken und Bretter des alten Dachstuhls.

Er drehte sich um und kehrte zu Bratfisch zurück. „Heben Sie bitte die Folie ab, ich will jeden Quadratzentimeter darunter sehen!"

„Das können die Kollegen aber dann machen," erwiderte Bratfisch, der seine Sprache wiedergefunden hatte. Sein Hammer steckte wieder in der Seitentasche. „Ich flitze schnell runter und sage denen unten Bescheid. Ich muss dann auch noch weiter, zur Firma."

Er gab den Eingang zum Werkzeugraum zügig frei und war mit schnellen Schritten im Treppenhaus verschwunden. Weinbaum sah ihm schweigend nach.

Nachdem etliche Minuten vergangen waren, wurden unten Rufe laut und zwei Bauarbeiter stapften die Treppe hinauf.

Weinbaum, der bis jetzt bewegungslos auf dem Treppenpodest gestanden hatte, sah den beiden Männern entgegen. „Welche Fläche wurde zuletzt betoniert?", fragte er unfreundlich, noch bevor die beiden die oberste Treppenstufe erreicht hatten. Nur mühsam unterdrückte er dabei seinen Ärger darüber, dass man ihn so lange hatte warten lassen.

„Der da," wurde ihm knapp und ebenso unfreundlich geantwortet. Der Sprecher zeigte auf den kleinen Werkzeugraum. Der mustergültig aufgeräumt wirkte mit seinem Bodenbelag aus grauer Folie, den darauf liegenden Brettern und Kanthölzern. Und in dem kein einziges Werkzeug lag. „Samstag, bis Mittag. Den Rest hat der Bratfisch danach bis Samstagabend noch alleine fertig gemacht. Und dann mit der Folie und den Brettern zugedeckt." Der Bauarbeiter machte eine Pause und wurde danach etwas umgänglicher: „Vorher hat er auch noch das halbe Geländer da hinten wieder angenagelt. Das ist am Freitag beim Betonieren zur Hälfte abgerissen. Das musste bis Samstagabend unbedingt wieder fertig sein, Herr Kommissar, von wegen der Absturzsicherheit."

Weinbaum nickte und die Männer begannen nun, die Folie über der betonierten Fläche bis zum Geländer langsam abzuziehen.

Weinbaum sah ihnen schweigend zu. Alles, was auf der frei werdenden Fläche nun nach und nach sichtbar wurde war grau. In unterschiedlichen Schattierungen von hellem Grau bis zu dunkleren Flecken, je nach dem Aushärtegrad des Betons. Eine glatte Struktur, die nur an ein paar Stellen löcherig unterbrochen wurde, an denen nach dem Betonieren einzelne Luftblasen ausgetreten waren. Kein weiterer Abdruck, keine Spur, nichts war dort zu finden. Nichts, was vielleicht die Schleifspuren auf dem Rücken der Toten hätte erklären können. Weinbaum in seinem Mantel fing an zu schwitzen.

Inzwischen waren die Männer am Hauptkommissar vorbei in den kleinen Werkzeugraum gegangen und räumten nacheinander die Bretter und Kanthölzer zur Seite. Zum Schluss entfernten sie auch dort die Folie.

In diesem Augenblick ertönte unüberhörbar ein Handy. Und es war Weinbaums Handy, das in seiner rechten Manteltasche steckte. Er zog es hervor, drückte auf die Empfangstaste und hörte Steinkamps Stimme, die aus der Ferne sagte: „Wir waren eben bei Bratfisch zu Hause. Nichts Besonderes, Chef. Frau Bratfisch ist nicht da. Dafür haben wir ihre Schwiegermutter angetroffen, Frau Bratfisch senior. Die Tote auf den Fotos ist ihr unbekannt. Gerade als wir wieder gehen wollten, hat sie uns allen Ernstes gefragt, ob wir von der Kripo nicht einmal eine Fahndung nach den neuen Pumps ihrer Schwiegertochter veranstalten könnten. Sozusagen als kleinen Gag, mal was für zwischendurch. Die wären ganz neu, weiß mit klobigen Absätzen. Und die sind jetzt verschwunden. Stattdessen hat ihre Schwiegertochter, die zu Hause immer alles verklüngelt, heute morgen im Abfall von Frau Bratfisch senior andere Schuhe gefunden. Die da wohl nicht hingehörten. So komische Stiefeletten mit verdreckten Absätzen. Die hat sie nur gesehen, weil sie irrtümlich die Tonne der alten Dame für den eigene Abfall geöffnet hatte. Gerade noch bevor der Müllwagen gekommen ist, heute später als gewöhnlich."

„Es ist gut, Herr Kollege", sagte Weinbaum, nachdem er einen Augenblick lang geschwiegen hatte. Dann, nach einer weiteren Pause fügte er noch hinzu: „Bringt sie mit. Frau Bratfisch und die Schuhe." Er schaltete sein Handy ab und steckte es zurück in die Manteltasche. Langsam ging er hinüber zu dem kleinen Werkzeugraum und musterte eingehend den inzwischen freigelegten Boden. Auf den ersten Blick bot auch der nichts Besonderes. Eine ebene, glatte Fläche, die genauso unauffällig aussah wie der übrige betonierte Boden vom vergangenen Freitag.

Allerdings verlief vom Eingang des Raumes bis zur gegenüberliegenden Wand ein unregelmäßig breiter Streifen. Dort war der vergossene Beton später noch einmal zusätzlich glatt gestrichen worden. Hinten vor der Wand war der Streifen bereits vollständig abgetrocknet und hatte sich hellgrau eingefärbt. Weinbau ging vorsichtig den Streifen entlang, kurz vor der trockenen Stelle der Wand blieb er stehen.

„Das sieht hier doch noch interessant aus," murmelte er nach einer Weile bedächtig und leise. Nachdem er die Anzahl von weißgrauen Punkten sorgfältig betrachtet hatte. Die an wenigen Stellen im hinteren Teil des Streifens kurz vor der Raumwand noch sichtbar waren. Jemand hatte die Eindrücke im Beton dort durch Zement aufgefüllt und mit einer Kelle verrieben. Um sie im allgemeinen Grau des Betonbodens nach dessen Aushärten optisch verschwinden zu lassen.

Die Restfeuchte aus dem bereits in den Stunden zuvor vergossenen Betonboden hatte aber direkt vor der Wand nicht mehr ausgereicht, um das trockene Zementpulver in den folgenden Stunden vollständig zu durchdringen. So blieben ein paar Spuren im Bereich der Wand hier und da erhalten. Eindeutig als der helle, verwischte Abdruck der schlanken Hacken von Stiefeletten.

„Ich bin mir sicher, die Frau Bratfisch wird ihre schicken neuen Pumps heute noch wiedersehen." Weinbaum lächelte. „Ich weiß zwar nicht, ob wir noch die Plastiktüte mit der dünnen Kordel finden werden, mit der die Frau zuerst stranguliert worden ist. Ich denke aber, dass wir den Hammer schon gesehen haben, mit dem der Herr Bratfisch danach dummerweise noch einmal zugeschlagen hat", sagte der Hauptkommissar Josef Weinbaum und ging dann langsam zur Treppe.

Die Kinder von Pribjat

Die Landschaft liegt noch so flach wie am ersten Tag. Und wenn der Blick schweift vom erhöhten Punkt des Gasthofes Polissya oder vom Hotel Pracownicy Nr. 3, so stellt er nichts Neues fest. Die Leninstraße oder die Druzhby Narodiv Straße sind in ihrer Gradlinigkeit ebenso zu erkennen wie die in leichten Wellen sich hinziehende Ohnieva Strasse. Hier und da haben einige Büsche und die schlanken weißen Stämme der Birken den Asphalt an den Straßenrändern durchbrochen und ihre Wurzeln die übrige Fläche hin zur Straßenmitte aufgefaltet. Aber wenn wie so oft in diesem Sommer die alles überflutende Helligkeit mittags durch die in ihrem Zenit stehende Sonne nahezu jeden Winkel warm ausleuchtet, hat man das Gefühl, dass dies ein guter Tag ist. Und wenn dazu vom Kühlwassersee ein Wind herüberweht, der die Blätter überall leise flattern und rauschen lässt, so könnte man dieses eintönige Klappern fast überhören. Bei jedem Windzug, der etwas heftiger von der glitzernden Wasserfläche aufsteigt, wird das Klappern dann von einem leisen Kreischen überlagert, das entsteht, wenn Metallflächen ohne Dichtungen aufeinander reiben.

Weiter im Südwesten ist das auf und ab schwellende Motorengeräusch von LKWs zu hören, wenn der Wind einmal etwas stärker weht. Sie sind unterwegs, um das Kraftwerk von Tschernobyl mit Material für die Überwachungs- und Wartungsarbeiter zu versorgen. Der explodierte Block 4 glänzt, die anderen Reaktorblöcke durch seine Schutzhülle über dem Sarkophag weit überragend, still in der Sonne.

Auf der anderen Seite des Kühlwassersees, weiter entfernt vom Kraftwerk hat sich eine Anzahl von Kindern zu einer Gruppe versammelt. Unter ihnen fällt ein Junge mit einer Schirmmütze auf, größer gewachsen als die anderen und offensichtlich auch der älteste von ihnen. Er lehnt auf seinen Stock gestützt und schaut abwechselnd in Richtung Pribjat und dann wieder in die Runde auf die anderen Kinder. Dabei verfinstert sich sein Gesicht zusehends.

„Ich bin Nikolai Sergejewitsch und mein Vater war einer der Liquidatoren da." Er wedelt mit seinem Stock und zeigt danach auf das Kraftwerk. „Erst war er als Reservist abkommandiert, als einer der Ersten den verstrahlten Betonschutt vom Dach dieses verfluchten Block 4 da drüben zu entfernen. Später, wobei schon fast alles aufgeräumt war, hat er sich noch einmal freiwillig zum Arbeiten gemeldet. Er wollte unbedingt die Sowjetunion retten, dieser Idiot. Mama und Natascha haben geheult und ihn angefleht, da nicht wieder hin zu gehen. Aber es war umsonst. Zum Dank ist er vor einem Jahr an der Strahlenkrankheit krepiert."

Die anderen Kinder sind bei seinen Worten langsam näher gekommen und haben einen Kreis um Nikolai gebildet. „Das ist schlimm", bemerkt Natalja, die direkt neben Nikolai steht und sich über ihre braunen Haare streicht.

„Das ist doch alles Quatsch", sagt ein anderer Junge, der weiter hinten steht. „Ich habe jetzt einen Bericht im Fernsehen gesehen, dass es wieder viele Tiere in Pribjat gibt. Mehr als früher. Und denen geht es gut. Alles Propaganda aus dem Westen."

„Aber es stehen hier überall Schilder, auf denen steht: *Vorsicht, Strahlenzone! Betreten verboten!*", wendet Natalja ein und mustert vorwurfsvoll den hinteren Jungen.

„Na und?", gibt der zurück. „Was heißt das schon? Außerdem haben die jetzt diesen neuen Schutzmantel über den Sarkophag geschoben. Den dahinten, der jetzt so toll in der Sonne glänzt."

Die Kinder drehen sich um und jeder betrachtet

stumm den neuen Stahlmantel. Nikolai bleibt als einziger unverändert stehen. „Da kommt kein Fitzelchen Strahlung mehr raus."

Der Junge von hinten tritt einen Schritt nach vorn auf Nikolai zu. „Ich bin Stenka", sagt er selbstbewusst. „Ich habe im Fernsehen auch das tolle Riesenrad gesehen. Es steht da noch immer mit allen Gondeln wie am ersten Tag." Der Junge tritt noch einen weiteren Schritt vor und mustert Nikolai eindringlich. „Was ist, Nikolai Sergejewitsch, gehen wir mal rüber? Ich will das mal richtig sehen. Ich werd mich auch mal in die Gondeln setzten. Mal sehen, ob die im Fernsehen recht hatten. Dann fährt er mit wichtiger Miene fort: „Außerdem habe ich im Internet gelesen, dass viele Stoffe aus dem Fallout schon nicht mehr da sind. Cäsium zum Beispiel." Er überlegt kurz. „Oder das Edelgas Krypton."

„Aber was ist mit dem ganzen Uran?" Natalja hat sich aus dem Kreis gelöst und ist auf die beiden Jungen zugegangen.

„Dafür gibt es ja jetzt den neuen Schutzmantel."

„Also ..." Stenka macht eine Pause und fährt dann fort. „Ich geh da jetzt rüber zum Riesenrad. Wer kommt mit? Oder seid ihr alle Feiglinge? Er mustert der Reihe nach die anderen Kinder.

In der folgenden Pause räuspert sich Nikolai, hebt seinen Stock an und sagt so laut, dass ihn auch der Letzte in der Gruppe hören kann: „Also, wenn hier einer mitgeht, und zwar vorne, dann bin ich das." Er sieht Stenka an. „Wir bilden eine lange Reihe, Natalja hinter mir und dann kommst du, Stenka. Ich will doch mal sehen, ob etwas dran ist an deinem Fernsehbericht."

Zögernd löst sich der Kreis um Nikolai auf, einige der Kinder beginnen zu diskutieren, aber Nikolai streckt seinen Stock energisch nach oben und die Diskussionen brechen ab. Alle stellen sich in eine Reihe und warten, dass Nikolei sich in Richtung Pribjat in Bewegung setzt. Er senkt seinen Stock wieder und die Kolonne marschiert los. Zuerst noch ungeordnet und schwerfällig aber dann hat jeder seine Schritte dem Tempo von Nikolai angepasst.

Nach einer Weile haben sie den Stadtrand von Pribjat erreicht und kommen an dem Wrack eines Personentransporters vorbei. Als sie das gelbe Warnschild mit dem Aufdruck *Zone* passieren, sagt Natalja so leise, dass es nur Nikolai und Stenka hören: „Aber bitte, nur für eine ganz kurze Zeit, ja?" Als Antwort hebt Nikolai seinen Stock wieder etwas höher und Stenka murmelt etwas Unverständliches.

Je näher sie dem Kulturzentrum Energetik und damit der Stadtmitte kommen, desto schlechter wird das Wetter. Die Sonne hat sich hinter einer grauen Wolkendecke verzogen und die Windstöße aus Richtung Westen nehmen an Stärke zu. Als die Kolonne schließlich den Platz vor dem Zentrum überquert, hat sich der Wind so weit gesteigert, dass die dreckigen Gardinenfetzen aus den leeren Fensterhöhlen des Energetik wie übergroße Geisterhände wild flatternd den Weg der Kinder begleiten. Im gleichen Augenblick hören alle dieses Kreischen, das sich langsam zu einem tiefen Stöhnen steigert.

Nikolai starrt nach vorne, dann bewegt er seinen Stock heftig hin und her, dreht sich zur Kolonne um und schreit gegen den Wind: „Seht her, da vorne steht das Riesenrad!"

Er beschleunigt seine Schritte, Natalja, Stenka und die anderen können ihm kaum folgen. Stenka, der Natalja jetzt überholt hat und mit Nikolai noch in einer Linie läuft, beginnt zu rennen. „Ich will es sehen, seht doch, wie sich seine Gondeln bewegen!"

„Das ist der Wind, du Idiot!", keucht Nikolai und hat Mühe, jetzt Stenka zu folgen. Das Stöhnen ist noch intensiver geworden, eine der oberen Gondeln schwingt ausladender als die anderen bei jedem neuen Windstoß in ihrer Halterung. Das Kreischen hat sich zu einem schrillen Dauerton gesteigert, überlagert von einzelnen dumpfen Schlägen, mit denen die obere Gondel gegen ihre Halterung schlägt.

„Seid ihr verrückt geworden?" Drei Männer in weißer Schutzkleidung sind plötzlich vor den beiden seitlich aus dem Gebüsch gestürzt und versperren den Weg. „Was macht ihr hier? Wer ist euer Anführer?"

Stenka zeigte spontan auf Nikolai, dann fragt er trotzig: „Und wer sind Sie?"

Auch Nikolai ist stehengeblieben und sieht die Männer stumm an.

„Wir sind eine Wachmannschaft vom Kraftwerk."

„Aha, die Herren Liquidatoren, die den Hals nicht voll genug kriegen," sagt Nikolai gedehnt und betrachtet die Männer mit Verachtung in der Stimme.

„Was hast du Rotzlöffel da gerade gesagt?" Einer der Männer zeigt mit seinem Strahlendosimeter drohend auf Nikolai.

„Aber, bitte, wir wollten doch nur das Riesenrad sehen." Natalja hat zu den beiden Jungen aufgeschlossen, Tränen stehen in ihren Augen.

„Was wolltet ihr? Diesen Schrotthaufen da hinten begaffen?"

„Das Riesenrad, es war doch einmal so schön. Tante Olga hat mir immer wieder davon erzählt, wie toll das war. Man durfte stundenlang damit fahren."

„Hirngespinste!", schreit sie jetzt der Mann an. „Ihr kriegt durch dieses Stündchen hier so viel Strahlung ab wie sonst im ganzen Jahr!" Wieder fuchtelt der Mann mit seinem Messgerät in die Richtung der Kinder.

„Seht nur, die obere Gondel da, sie ... sie stürzt ab!" Natalja hat als Erste bemerkt, dass sich eine der drei oberen Gondeln durch den Sturm weiter aus ihrer Halterung gedreht hat, sodass nur noch ein weiterer Windstoß genügen würde, um sie endgültig abwärts zu stürzen. Und der Sturm orgelt mit seinen heftigen an- und abschwellenden Böen unverändert weiter.

„Weg von hier, lauft, lauft um euer Leben!" Die drei Männer rennen auf Nikolai, Stenka und Natalja zu. „Los, los, macht, dass ihr hier verschwindet!"

„Aber im Moment hält die Gondel doch noch." Stenka zeigt mit einem Arm zum Riesenrad.

„Quatsch nicht!" Einer der Männer fasst ihn an der Schulter, dreht ihn dann vom Riesenrad weg. Die anderen beiden ergreifen Nikolai und Natalja. Gemeinsam schieben sie die drei vor sich her hinein in die Gruppe der anderen Kinder, die zuvor weiter hinten stehen geblieben waren.

In diesem Moment verliert die obere Gondel endgültig ihren Halt, dreht sich um ihre Achse und kracht auf eine der weiter unten hängenden Gondeln. Beide verhaken sich ineinander und durch die Wucht des Aufpralls der oberen stürzt auch die untere Gondel hinab in die Tiefe. Eine braune Wolke aus Dreck und Rost steigt auf, als sie neben dem Kassenhaus krachend auf den Erdboden schlagen und ineinander verkeilt liegen bleiben. Die nächste Windböe ergreift sie wie eine große Hand und reißt den Staub aufwirbelnd mit sich fort.

„Ihr habt großes Glück, dass der Sturm nicht zu uns herüber weht", keucht einer der Männer und schiebt einen Teil der Kinder immer schneller vor sich her. „Keiner weiß wirklich, wieviel Radioaktivität da in der verdammten Rostwolke noch steckt."

Immer gleichmäßiger beginnt die Gruppe jetzt zu laufen, die drei Männer haben sich verteilt und jeder von ihnen treibt eine Reihe von Kindern vor sich her.

„Das reicht doch jetzt", keucht Stenka und versucht sich im Laufen umzudrehen, als sie die Ohnieva Straße erreicht haben. Nikolai, der direkt hinter ihm läuft, stößt ihn heftig in die Laufrichtung zurück. „Lauf, du Klugscheißer, der Mann hat recht. Niemand weiß, was hier noch alles im Erdboden steckt."

Stöhnend, jammernd und nach Luft schnappend läuft die Gruppe etwas langsamer in Richtung Kühlwassersee weiter. Als endlich das gelbe Warnschild mit dem Aufdruck *Zone* in der Dämmerung auftaucht bleibt, der vordere Mann dort schwer atmend stehen und macht eine kreisende Handbewegung. Er wartet ab, bis sich alle um ihn versammelt haben.

„Hier ist die Welt für uns zu Ende." Er deutet auf das gelbe Schild. „Wenn ihr in tausend Jahren wieder einmal hierher kommt, so wird hier sicher ein anderes Schild stehen. Und wenn ihr noch etwas länger wartet, vielleicht in etwa hunderttausend Jahren, wird hier immer noch ein Schild stehen. Aber alle tragen sie die gleiche Aufschrift: *Verbotene Zone*.

Stumm wenden sich die Kinder ab, einige fassen sich an den Händen und viele weinen.

Pacos Entscheidung

Hör mir mal gut zu, ich habe da einen Job für dich." Onkel Alejandros Stimme klang dieses Mal direkt lebhaft, nicht so teilnahmslos wie sonst, wenn es um Paco ging. Paco war der uneheliche Sohn seines Bruders José, den er mit einer Marokkanerin vor neun Jahren in die Welt gesetzt hatte. „Alejandro, du bist der Ältere von uns, du kannst mich jetzt nicht hängen lassen," waren die letzten Worte seines Bruders, bevor der kurz nach Pacos Geburt verschwand.

„Welch eine Schande für uns!" Mamas Worte klangen danach verzweifelt und entschlossen zugleich.

„Aber gut, damit das Gerede der Leute einmal aufhört", bemerkte sie abschließend, „nehmen wir die beiden in der Familie auf. Basta." So fanden Paco und seine Mutter Fatma ein Zuhause bei Onkel Alejandro, der als Angestellter bei der städtischen Müllabfuhr arbeitete. Pacos Mutter Fatma willigte damals dankbar ein.

„Dein Job ist folgender: Wir haben die Anweisung vom Bürgermeister bekommen, endlich mit dieser Hundeplage in der Stadt Schluss zu machen. Jeder von uns, und alle Kollegen machen mit, geht nebenbei auf die Jagd nach diesen Viechern und fängt sie ein. Egal wie und womit. Und ganz offiziell. *Es haben sich inzwischen so viele Touristen über die Streuner beschwert*, hat der Bürgermeister bei der letzten Betriebsversammlung gesagt, *dass jetzt Schluss damit ist. Ein für alle Mal.*

Victor Gonzales ist ein cleverer Geschäftsmann und Freund unseres Bürgermeisters. Der hat ihm zugesagt, eine Perrera neben der großen Müllhalde am Stadtrand aufzumachen. Ein paar Gitterboxen sind von dem schnell besorgt und in die wird er sie einsperren. Er wird die Viecher schon los, entweder verscherbelt er sie ins

Ausland oder sonst was." Onkel Alejandro fuhr mit der rechten Hand quer über seinen Kehlkopf.

„Was ist eine Perrera?" Paco sah ihn fragend an.

„Das ist eine Tötungsstation für Streuner. Da kommen die rein und werden nach ein paar Wochen abgespritzt, wenn sie keiner haben will."

„Schrecklich", bemerkte Fatma, die den beiden zugehört hatte und danach schnell aus dem Zimmer gegangen war.

„Ach ja, sieh an, unsere Muslimin, lebt auf unsere Kosten und vergeht vor Mitleid."

„Und was soll ich da machen?" Pacos Stimme klang unsicher.

„Ich gebe dir drei Euro ab von meiner Prämie für jedes Tier, das du für mich findest. Nimm einen Strick mit und binde sie an. Den Rest besorge ich. Damit kannst du dich endlich mal nützlich machen, du streunst ja sonst den ganzen Tag nur herum, bei deiner üblichen Schulschwänzerei."

„In Ordnung, mache ich," antwortete Paco zögerlich, dann verzog er sein Gesicht schließlich zu einem Grinsen.

Sie kamen immer zu viert. Niemand kannte ihre Namen. Jeder, der sie schon einmal länger beobachten konnte, fand bald heraus, dass sie unzertrennlich waren. Eine kleine Gruppe von vier Straßenhunden, jeder einzelne von seinem Besitzer entsorgt auf den Straßen der Stadt. Zusammen erschienen sie wie ein Kleeblatt, vier unterschiedlich geformte Blätter, fest zusammen gehalten von ihrem Rudelinstinkt, der ihnen half, jeden neuen Tag in den Straßen zu überleben.

Uno, Dos, Tres und Cuatro.

Paco war es, der ihnen spontan diese Namen gab. Als sie zu viert hintereinander auf dem löcherigen Gehweg durch die Calle de Formentor in Richtung Plaza Mayor gelaufen kamen und er sie zum ersten Mal sah. Es war der Tag nach Onkel Alejandros Ansprache, in der er Paco als nichtsnutzigen Streuner bezeichnet hatte.

Die Hunde kamen näher und bevor sie an ihm vorbeilaufen konnten, hatte Paco sich ihnen in den Weg gestellt. Sie stoppten und waren neugierig mit einigen Metern Abstand vor ihm stehen geblieben. Uno als der vordere hatte zuerst Pacos Witterung aufgenommen und sich seiner ausgestreckten Hand vorsichtig mit erhobenem Schweif genähert. Tres und Cuatro knurrten vorsorglich leise weiter hinten, während Dos, die Nummer zwei in der Reihe, teilnahmslos nur stehen geblieben war.

Als Uno sich Pacos Hand so weit näherte, dass der mit einem schnellen Griff zum Hals den Hund hätte greifen können, wich das Tier nicht aus, sondern begann, die Hand vorsichtig und zart abzulecken. Paco verspürte die warme, raue Zunge, wie sie feucht über seine Fingerspitzen hinauf und hinab glitt und genoss das wohlige Kribbeln, das sich von der Hand aus rasch über seinen ganzen Körper ausbreitete. Selten hatte er sich so gut gefühlt wie in diesem Augenblick.

Leise fing er an, auf Uno mit ruhiger Stimme einzureden, während der Hund weiter sanft die Hand beleckte und mit dem Schwanz wedelte. S*olange wie möglich nur das auskosten,* dachte Paco nur, *wenn ich weiter mit ihm rede, leckt er meine Hand bestimmt noch länger ab.* Endlos lang wollte er dieses wunderbare Gefühl spüren, bis er schließlich seine Hand zurückzog.

Inzwischen hatten Tres und Cuatro ihr Knurren eingestellt, sie waren näher herangekommen und hatten sich zusammen mit Dos in einem Halbkreis um Paco aufgestellt.

Paco nutzte die Gelegenheit, die gleiche Annäherung wie bei Uno nun auch bei den drei anderen zu versuchen. Wieder streckte er seine Hand aus, dieses Mal nacheinander zu Tres und Cuatro. Im Gegensatz zu Uno fixierten beide jedoch zuerst sein Gesicht, bevor sie die ausgestreckte Hand betrachteten. Auch sie beleckten anschließend seine Finger, aber nur kurz, und wichen danach sofort zurück. Als letzter kam Dos an die Reihe, er leckte lange über Pacos Hand und schloss sogar die Augen dabei.

Paco kam sich in diesem Moment großartig vor. Uno hatte inzwischen sein Schwanzwedeln eingestellt und sich dicht neben den Jungen gestellt. Alle vier hatten die Köpfe erhoben und sahen den Jungen aus grauen, braunen und grünen Augen an.

„Meine Freunde," sagte Paco laut, „nun seid ihr alle meine Freunde." Und nach einer kurzen Pause, in der er nachdachte, sagte er weiter: „Kommt mit, nun kommt, ich habe etwas für euch."

Danach wandte er sich um und ging mit eiligen Schritten die Calle de Formentor entlang in die Richtung zur Plaza Mayor. Die vier setzten sich in Bewegung und folgten ihm mit einigem Abstand. Kurz vor der Plaza bog er in eine enge Seitenstraße ein, an der Häuser standen, von denen kein einziges eine heile Fassade besaß. Überall fehlte der Putz an den Wänden, an einigen Stellen waren Steine aus dem Mauerwerk gebrochen und hatten Freiraum geschaffen für Grasbüschel, Farne oder sogar kleine Bäume.

Am Ende der Straße wich die rechte Häuserzeile zurück und machte Platz für einen kleinen Park mit einer ungemähten Grasfläche, an der zwei Bänke aus rissigem Holz und etliche Mülltonnen aus verdrecktem Kunststoff standen. Paco ging zielstrebig auf sie zu und öffnete die erste der Tonnen. Nachdem er ihren Inhalt kurz gemustert hatte, verschloss er sie wieder und ging zur nächsten Tonne. Danach wiederholte er alles noch bei drei weiteren Behältern. Als er schließlich vor der letzten Tonne stand, sie geöffnet und ihren Inhalt intensiv untersucht hatte, drehte er sich um und sah die vier an, die in einiger Entfernung stehen geblieben waren.

Ein triumphierendes Lächeln glitt über sei Gesicht. „Kommt her," rief er und winkte mit beiden Armen. „Nun kommt schon her." Offensichtlich hatten die vier Vertrauen zu Paco gefasst oder sie kannten bereits den Park, denn sie liefen ohne Scheu heran. Paco zerrte die Tonne herum und kippte ihren Inhalt auf die Grasfläche. Sie gehörte zu einem Restaurant an der Plaza Mayor, dass seine Speisereste über die Hintertür des Gebäudes zum Park hin in dieser Tonne entsorgt hatte.

Ein breiter Strom aus geschälten Kartoffeln, Gemüseresten, Fleisch- und Fischresten ergoss sich auf das Gras. Die vier rasten die letzten Meter heran, Paco machte einen Schritt zur Seite und sah ihnen mitleidig zu. Uno als der Schnellste von ihnen hatte einen Schinkenrest aus der Masse gezogen und begann gierig den Knochen abzufressen.

Die anderen drei verschlangen hastig die restlichen Fleischreste, den Fisch, dann die Kartoffeln und zuletzt sogar das an einigen Stellen bereits angefaulte Gemüse.

Wieder verspürte Paco das gleiche Kribbeln wie eben. Er allein hatte ihnen das Essen verschafft, ihren Hunger gestillt.

Selbstverständlich war es verboten, in der Stadt Mülltonnen umzukippen, um damit Straßenhunde zu füttern. Sogar streng verboten war das und er durfte sich nicht dabei erwischt lassen, um nicht in Schwierigkeiten zu geraten. Weder bei Onkel Alejandro oder den Passanten, die ihn vielleicht zufällig beobachtet hatten. Aber jetzt war das Paco egal. Er hatte dieses Mal tatsächlich etwas Gutes geleistet.

Als die vier, die allmählich satt wurden, langsam aufhörten zu fressen, sahen sie hoch und gingen dann einige Schritte auf ihn zu. Paco musterte sie und blickte wieder in ihre grauen, braunen und grünen Augen.

Er spürte, dass nun der Augenblick gekommen war, um sich zu entscheiden.

Vier Hunde auf einen Schlag bedeutete für Onkel Alejandro eine Prämie von mindestens hundert Euro, ausgezahlt von der Stadt. Und dabei sprang bestimmt noch ein guter Eindruck beim Bürgermeister heraus.

Aber vorhin hatte er ein Vertrauen, ja eine Zuneigung verspürt, die er niemals vergessen würde. In Gedanken versunken ging Paco hin und her. Schließlich blieb er stehen und sah die vier der Reihe nach an.

„Okay," sagte er laut. „Comprendo. Ich habe verstanden. Ihr seid zwar Straßenhunde, aber nun seid ihr wirklich meine Freunde. Und ich bin euer wirklicher Freund. Ganz einfach. Kommt mit, ich habe noch etwas anderes für euch."

Uno sah Paco an und blieb sitzen, aber dafür setzte sich Dos in Bewegung und lief in einigem Abstand hinter Paco her. Schließlich folgten die drei anderen und zusammen verließen sie den schmutzigen kleinen Park. Als sie die Calle de Formentor erreichten, bog Paco in eine andere Straße ab und entfernte sich dabei weiter von der Plaza Mayor. Die vier folgten ihm, Uno hatte wieder die Führung übernommen. „Hier ist es zu gefährlich für uns", sagte Paco, drehte sich um und vergewisserte sich, ob die vier ihm noch immer folgten.

„Wir kommen gleich an eine andere Straße, dort gibt es viele Büsche, gut zum Verstecken. Da gehe ich immer hin, wenn meine Mutter wieder weg ist und mich keiner finden soll. Wisst ihr, die arbeitet nämlich jedes Jahr bei der Apfelsinenernte im Süden."

Als sie in der Viale Fortune – so hieß die Straße mit den Büschen – ankamen, blieb Uno wieder stehen, aber Dos lief weiter und folgte Paco zu einer Stelle mit niedrigen und hohen Tamarisken. Die Sträucher standen dort so eng zusammen, dass man das Innere der Bepflanzung nicht erkennen konnte. Paco ging weit genug hinein, um auf der Straße nicht mehr gesehen zu werden. Nachdem er sich umgedreht hatte, blieb er stehen und strich Dos über den Kopf. „Du bist ein guter Hund, ja, das weiß ich doch, ein guter Hund." Dos sah ihn an und wedelte zum ersten Mal mit dem Schwanz.

Dann hörte Paco erneut ein Blätterrascheln und die drei anderen standen dicht zusammen vor ihm.

„So," sagte Paco," seht mal her, was ich noch habe!" Er ging einen Schritt zurück, die Hunde sahen ihn an und wieder bildeten sie einen Halbkreis. Mit wichtiger Miene öffnete Paco seine Schultasche einen Spalt breit und zog ein Stück Baguette heraus. Er hielt es hoch, damit die vier sehen konnten, was er in seinen Händen hielt. Dann zerbrach er das Brot in fünf gleiche Teile. „So," sagte Paco weiter, „für jeden von uns ein Stück Brot. Wir werden das jetzt jeden Tag tun und auch jeden weiteren Tag. Immer wieder." Und Paco, der selber fast ein Straßenjunge war, der nicht viel mehr besaß, als das, was er am Körper trug, wusste, dass er bereits jetzt zu ihrem Mittelpunkt geworden war. Zu einem, der ihnen Kraft geben und durch seine Hilfe für jeden der vier eine größere Überlebenschance ermöglichen konnte.

„Morgen ist ein neuer Tag," sagte Paco, „und ich hoffe, dass ihr dann wieder hier im Gebüsch seid. Ich werde bestimmt kommen und auf euch warten. Dann gibt es wieder was zum Fressen." Die Hunde sahen ihn an und er wünschte sich inbrünstig, dass sie ihm ihre gemeinsame Zustimmung zeigten. Durch ihr heftiges Schwanzwedeln, mit dem sie seine Worte begleiten.

„Na, Paco, was hast du heute wieder ausgefressen?" Onkel Alejandros Stimme klang bedrohlich, als Paco nachmittags nach Hause kam. „Du hast doch bestimmt wieder irgendeinen Mist gebaut, oder? Du hast so ein merkwürdiges Grinsen im Gesicht. Also, was hast du wieder angestellt?"

„Gar nichts, Onkel Alejandro, hast du denn heute bei deinen Mülltonnen etwas Besonderes erlebt?"

Als Antwort erhob Onkel Alejandro drohend seine Hand.

„Ich habe beschlossen, ab morgen wieder jeden Tag zur Schule zu gehen." Pacos Stimme klang entschlossen und trotzig zugleich.

Onkel Alejandro ließ die Hand sinken und sah Paco

erstaunt an. „Und das soll ich dir jetzt glauben?"

„Bestimmt, du kannst dich auf mich verlassen." Paco hob leicht seine Stimme. „Ich bin kein Streuner mehr."

Onkel Alejandro machte daraufhin eine abfällige Handbewegung, direkt auf Paco gezielt, erhob sich und verließ wortlos den Raum.

Paco stand allein im Zimmer und dachte zurück an die vergangenen Stunden. Zum ersten Mal war er glücklich gewesen. Ausgefüllt von dem Gefühl, doch etwas wert zu sein. So wunderbar und lange war es in ihm geblieben, diese Gewissheit in der Anwesenheit seiner Hunde.

Morgen früh gehe ich in der Pause zu Señora Castro. Als Erstes werde ich versprechen, dass ich nun wieder jeden Tag zu ihr in die Schule komme. Die arbeitet nebenbei für den Tierschutz.

Ihr erzähle ich, dass ich euch kenne und ihr meine neuen Freunde seid. Vielleicht kommt sie nach der Schule sogar mit und will euch auch kennenlernen. Vielleicht müssen wir euch in der Stadt erst suchen gehen, aber dann suchen wir eben so lange, bis wir euch gefunden haben. Bestimmt wird sie auch wissen, wo ich euch verstecken kann.

Gonzales und seinen Häschern werdet ihr vier, meine Freunde, niemals in die Hände fallen.

Herr Dunkel und die Art zu leben

Für Herrn Dunkel gab es seit gestern nichts mehr, was man ihm hätte anhängen können. Gestern hatte sich alles zum Guten gewendet. Nicht ihm, sondern dem Kollegen Wittke war der entstandene Schaden angelastet worden. Hätte Wittke seine Argumentation wenigstens professioneller aufgebaut, ja dann wäre für Cornelius Dunkel die Abschlusssitzung über das Projekt wahrscheinlich anders verlaufen. Im Leitungsteam gab es durchaus Leute, die ihm eine Mitschuld für das Debakel zuschieben wollten. Nun aber stand fest, dass die Sache ausschließlich an Wittke gescheitert war.

Erheblich würden die Kosten schon werden, abgesehen von der Blamage für die Stadt. *Keine Projekte der Wirtschaftsförderung zukünftig in städtische Hände*. In Dunkels Phantasie erschien diese Schlagzeile bereits als Aufmacher weit vorn in der örtlichen Presse.

Er hatte sich doch in das Projekt vorbildlich eingebracht. Bis an die Grenzen seiner Leistungsbereitschaft war er für den Wittke tätig gewesen.

Ein guter und jederzeit zuverlässiger Kollege, das war er. Selbst für Wittke. Keinesfalls sah er sich dabei als angepassten Mitläufer. Schärfen, Ecken und Kanten, die besaß auch er. In Anwesenheit der Kollegen sprach er häufig und sehr gern darüber.

Ausgeglichen und grundsätzlich positiv eingestellt, das war Herr Dunkel jeden Tag. Der immer ruhende Pol für seine Umgebung. Wenn es tatsächlich geschehen sollte, dass spontan niemand dieser Einschätzung folgte, dann belastete das Herrn Dunkel nicht weiter. Für diese Situation hielt er stets die eigene Selbstkritik bereit, die ihm wie gewohnt seine Fehlerfreiheit bestätigte.

Ausgeglichen und froh war er an diesem Morgen

erwacht und in kleinen Schritten, mit denen er sich neuerdings täglich bewegte, langsam ins Bad gegangen. Ein feines amüsiertes Lächeln umspielte seine Lippen, als er spontan über dieses Wortspiel nachdachte, ... *ins Bad zu gehen*. Diese oft gebrauchte Phrase bedeutete bei strenger Wortauslegung den ganzen Körper zu bewässern, gleichsam einmal komplett unterzutauchen. Natürlich tat er das nicht, sondern begnügte sich mit einer kurzen, intensiven Gesichtswäsche und der anschließenden Nassrasur, für die er sich heute sehr viel Zeit nahm. Der Abschluss, sonst immer schnell von der Hand gegangen mit einer Handvoll gleichmäßig auf der Haut verriebenen Rasierwassers, an einigen Stellen an Nase und Mund auch mehrfach getupft – heute indes fiel dieses Finish besonders intensiv aus. Er brachte eine weitere Portion Rasierwasser auf und massierte sein Gesicht noch einmal mit zitternder Hand durch. Als er damit fertig war, hatte er sein albernes Wortspiel bereits vergessen und beschlossen, nun seine Gedanken wieder auf das Wesentliche zu richten. Heute auf 11 Uhr war das Gespräch unter vier Augen bei Amtsleiter Bodenberg angesetzt. Er würde dies als Gelegenheit nutzen, um Wittkes fatales Versagen noch einmal gründlich herausarbeiten.

Selbstzufrieden strich er mit dem Kamm durch das Haar und sah sich in Gedanken – nach dem noch einzunehmenden guten Frühstück – aus dem Haus eilen. Nach einer knappen Dreiviertelstunde mit der Straßenbahn konnte er wieder im Amt sein.

Doch jetzt wurde es erst einmal Zeit für den morgendlichen Espresso und er verließ das Bad, um in die Küche zu gelangen.

Die würde ihn gleich in hellem Sonnenlicht erwarten. Er liebte ihre Einrichtung, den Küchentisch umrahmt von den vier Stühlen, auf denen jeweils ein Kissen mit Blumenmuster lag, den beigen Linoleumbelag, selbst die braune Anrichte bis hinauf zur obersten Schublade, denn alles strahlte eine wohlige, gutbürgerliche Harmonie aus.

Allerdings, heute Morgen fühlte er sich trotz seiner guten Laune anders als sonst. Merkwürdig, dass er ohne den gewohnten Elan die Küchentür durchschritt, mit hängenden Schultern, pendelnden Armen und kleinen schlurfenden Schritten. Die Sonne schien ihm grell durch die Scheibengardinen entgegen und erzeugte ungewohnte farbige Ringe in seinen Augen. Spontan drehte er sich um und ging mit trippelnden Schritten weiter zur Espressomaschine.

Die stand, wohlgeordnet wie alles in seinem Haushalt, links auf der Anrichte, in unmittelbarer Nähe zur Ablauffläche der Spüle. Eine sehr praktische Lösung. Herr Dunkel hatte vor dem Kauf der Küche diesen Platz genau vermessen, um sicherzustellen, dass die braunen Espressotropfen nach dem Aufguß der Maschine, sollten sie einmal den Auffangkasten unten in der Maschine verfehlen, direkt über die Ablauffläche in das Spülbecken abtropfen konnten. Dieser Hang zur Perfektion besaß allerdings einen Gegenpol. Es war nicht seine Eigenart, die Tageszeitung morgens nur beiläufig zu lesen, um sie gegen Abend noch einmal umso gründlicher zu studieren. Es war vielmehr sein zwanghafter Drang, jede Zeitung danach irgendwo im Raum abzulegen. Gewiss belästigte Herr Dunkel niemanden damit, Besuchern der Küche jedoch fielen die willkürlich umherliegenden Papierberge sofort auf und provozierten manchmal sehr spezielle Nachfragen.

In kaltem Schweiß gebadet öffnete er nun die Maschine, schwenkte die kleine Kammer für den Kaffee heraus und füllte schwerfällig mit einem silbernen Messlöffel drei gestrichene Portionen goldbraunes Espressopulver hinein. Nachdem er die Kaffeedose in die oberste Schublade gestellt und diese wieder zugedrückt hatte, drehte er mit zitterndem Griff den Wasserhahn auf und zapfte – dabei das einströmende Wasser eher nachlässig im Blick – ungefähr jene Wassermenge in eine Glaskanne ab, die für drei geplante Tassen des Getränks erforderlich waren. Dem genauen Volumen maß er dabei immer nur wenig Bedeutung zu. Man konnte dieses Verhalten als Marotte abtun, für ihn jedoch blieb es eine spannende Angelegenheit, ließen sich doch durch die jedes Mal unterschiedliche Wassermenge die Stärke und damit der Geschmack des Espressos jeden Morgen eine Nuance anders gestalten.

Herr Dunkel goss den Inhalt der Glaskanne in die Maschine, klappte den Deckel des Wasserbehälters zu und drückte die kleine Kammer zurück in ihre Ausgangsposition. Die farbigen Ringe vor seinen Augen verschwanden allmählich und beruhigt setzte er die Maschine in Gang.

Wie an jedem anderen Tag müsste er nun rasch hinab ins Erdgeschoss eilen, um dort die Tageszeitung aus dem Türschlitz zu ziehen. Er machte das immer sofort, um keine Zeit zu vertrödeln, noch bevor das Wasser in der Maschine leise zischend langsam aufkochte.

Herr Dunkel vermied selbst die kleinen Trödeleien, die er auch bei den ihm unterstellten Mitarbeitern im Amt für Wirtschaftsförderung nicht gelten ließ. Dessen Leitung man vorab dem Wittke in Aussicht gestellt hatte. Allerdings war das noch vor seinem gescheiterten Projekt geschehen.

Als alternativer Kandidat für diese Position wurde durch Amtsleiter Bodenberg damals auch Cornelius Dunkel ins Gespräch gebracht.

Heute jedoch, an diesem schönen Tag, als er in Gedanken an Wittkes desaströse Leistung wieder in gehobener Stimmung zur Haustür kommen wollte, drang plötzlich durch das Fenster eine alles durchdringende Stimme. Aufdringlich krächzend drang sie laut herein und erzwang damit Dunkels Aufmerksamkeit. Es war der Ruf eines einzelnen Raben.

Unwillig, denn er fühlte sich aus seinem Konzept gebracht, verharrte Herr Dunkel vor der Anrichte und sah tatenlos auf die Espressomaschine. Dampfend rann der Espresso hinab und füllte die Tasse. Das von ihm so geliebte leise Zischen, nur ab und zu unterbrochen von einem kurzen Blubbern, wenn eine zu groß gewordene Dampfblase an der Kaffeeoberfläche sanft zerplatzte, selbst die Vorfreude auf den zu erwartenden Genuss erschien durch das Geschrei vor dem Fenster wie ausgelöscht. Pausenlos drang die grelle Stimme des Vogels herein und schien im Raum hin und her zu wandern.

Wie gebannt und noch immer mit dem Rücken zum Fenster stehend hörte ihm Dunkel weiter zu.

Jeder schwarze Rabe galt schon immer als Schicksalsvogel. War seine Stimme nicht der Bote kommenden Unheils? Ist er nicht ein Tod verkündendes Gespensterwesen? Die Menschen kennen genug Geschichten darüber.

Wie aus dem Nichts kommend schossen Dunkel diese Gedanken wirr durch den Kopf. Sollte er jetzt wie gewohnt hinunter zur Haustür laufen, nur um sich die neue Zeitung zu holen mit den neuesten Albernheiten des Vortages? Die so gleich waren wie alles, was er bereits kannte? Oder sollte er ab heute einfach auf all das verzichten, auf das Nachrichtengebräu aus neuer und abgewendeter Not, den Auf- und Abschwüngen der Konjunktur, – wie sicher ist unser Geld –, dem Jubel über die gewonnenen, der Trauer über die verlorenen Fußballspiele? Dunkels Gedanken überschlugen sich. War es nicht längst an der Zeit, sich den wichtigen Fragen zu stellen, angesichts des ihm hier durch das laute Geschrei angekündigten Unheils?

Mit einem Ruck schaltete er die Maschine ab, kippte den frische Espresso aus der Tasse in das Spülbecken und drehte sich um. Zischend entwich der restliche Wasserdampf aus der Trommel. Ein dunkler Schatten glitt von draußen auf ihn zu, flatternd wurden seine

Umrisse zu einem schwarzen Klumpen. Ein zweiter riesiger Rabe war auf der Querstange draußen am Fenster gelandet. Neben dem ersten, unablässig krächzenden Vogel hatte er sich festgekrallt. Er schwieg, aber seine Augen starrten in die Küche.

Dunkels Atem wurde flach und unregelmäßig. Hastig stieß er sich mit beiden Händen von der Anrichte ab, wankte hinüber zum Fenster und starrte durch die Scheibe hinaus auf die schwarzen Vögel.

Wie in Trance fasste er sich mit beiden Händen an den Kopf, strich sich von der Stirn hinab über beide Wangen und hielt erst inne, als sein Kinn in den offenen Handflächen lag. *Nur zwei Vögel …*, dachte er mühsam, *warum nur bin ich so beunruhigt? Warum gehe ich nicht einfach nach unten und hole die Zeitung?*

Voller Panik bemühte Dunkel sich, seine zitternden Hände zu beruhigen.

Einen Augenblick lang fasste er den Entschluss, einfach wegzulaufen. Doch im gleichen Moment wusste er, dass es für ihn unerträglich wäre, dieses zu tun.

Alberne Hirngespinste …

Vielleicht, wenn er einfach nicht mehr zuhörte, sich etwas in die Ohren stopfte oder das Geschrei mit lauter Musik aus dem Radio bekämpfen würde? Er trat vom Fenster zurück und machte seinen Kopf frei, indem er seine Hände hinter dem Rücken verschränkte. Mit kleinen Schritten begann er, in der Küche hin und her zu trippeln.

Ich könnte so tun, als sei nichts geschehen. Ich bin ruhig und gelassen wie immer. Zur Sicherheit müsste ich gleich beim Verlassen des Hauses einfach eine Maske aufsetzen. Und zwar eine, die meine Angst verbirgt. Ich wäre der allen vertraute Mensch und hätte trotzdem die Möglichkeit, meine Ängste zu verbergen.

Er blieb stehen, direkt vor der Espressomaschine, und nickte sich zu. *So habe ich alle Optionen frei und bleibe unauffällig. Niemand kann etwas merken und ich werde jetzt wie gewohnt zur Tür gehen und die Zeitung holen. Vielleicht will ich sie sogar gleich noch lesen und danach sofort vergessen, dass ich sie gelesen habe.*

Er drückte mit zitternder Hand die kleine verchromte Taste der Espressomaschine tief auf den Grund und mit den Schwaden des wieder aufkochenden Wassers atmete er wie von einer Last befreit das Aroma des frischen Espressos ein. Verführerisch duftend stieg es nun wieder hoch aus dem kleinen Behälter. Er zog die Tasse aus der Maschine, hielt sie zitternd vor seinem Mund und versuchte gierig, sofort einen Schluck aus ihr zu trinken. Den viel zu heißen Espresso über die Maschine spuckend schob er die halbvolle Tasse fluchend zurück.

Das Geschrei des Raben brach ab, beide Vögel waren verschwunden.

Herr Dunkel wusste nicht, ob er seine Straßenbahn noch pünktlich erreichen würde, bevor er später mit kleinen Schritten und wieder in kaltem Schweiß gebadet das Haus verließ.

Heute werde ich Wittke bei Brockmann in die Pfanne hauen. Schonungslos all seine Fehlentscheidungen aufdecken, ihm jede Verschwendung bis zum letzten Cent nachweisen, waren seine Gedanken, als er dabei aus dem Halbdunkel des Treppenhauses hinaus ins Sonnenlicht trat.

Im Erdgeschoss des Hauses lebte Herr Dunkels ältere Schwester. Zusammen mit ihr hatte er vor einigen Jahren das Gebäude erworben und nach dem Kauf umfassend renovieren lassen. Wände wurden versetzt und alle Bäder in gleicher Weise altersgerecht umgebaut. Jeder von ihnen sollte über den gleichen Komfort verfügen. Nur in seiner Wohnung hatte Dunkel noch zwei Wände zusätzlich für die Bücherregale einbauen lassen.

Schon vor ihrem Einzug hatten beide beschlossen, den Briefkasten in der Wand neben der Haustür gemeinsam zu nutzten. Cornelius Dunkel stand oben auf dem Schild, Herta Dunkel in der Zeile darunter. Auf diese Weise konnte jeder von ihnen die gesamte Post an sich nehmen, auch wenn der andere unterwegs war.

Neurologie am Ring stand auf dem weißen Kuvert, als Herta Dunkel später an diesem Morgen den Kasten öffnete und ihr der große Brief entgegen fiel. Sie hob ihn vom Boden auf und hielt ihn vor ihr Gesicht. Beunruhigt überlegte sie einen Augenblick, dann riss sie das Kuvert auf.

Sehr geehrter Herr Dunkel, las seine Schwester, dann blieb ihr Blick an den nachfolgenden Zeilen hängen.

Der erwartete radiologische Befundbericht liegt uns nun vor.

Der Bericht erfordert dringend eine persönliche Besprechung.

Wir bitten Sie, zeitnah unter der angegebenen Telefonnummer mit unserer Praxis einen Termin zur Befunderöffnung zu vereinbaren.

Langsam verschloss Herta Dunkel die Rückwand des Postkastens und fuhr sich mit ihrer Hand über die Augen.

In den Wolken

Über Tiefen dahinsegelnd
im Kopf die Leere noch zu denkender Gedanken
Vom Winde geschüttelt
will ich durchqueren die Festungen vor mir so leicht
wie die Mauern im Traum

Über mir wölbt als halbe Kugel sich
manchmal
final das Ende des Verstandes

Last Letter

Denn als er schrieb
fallen ließ der Tisch sein Wort
So leise schrieb er

Und durch Windecken gejagtes Haar schrie auf

Klapp, klapp machten die Läden
dass der Mond vom Hinterhaus-Hof
trat vorn ans Geländer

Der Autor

Wolfgang Schimmel, geb. 1952, Textformen: Lyrik, Texte in Prosa, erste Lesungen (Lyrik) 1973 in Köln, erster Lyrikband 1972 (Selbstverlag). Weitere Lesungen in Versmold (Galerie ET) und bei der VHS Minden-Ravensberg in Halle/Westfalen.

Aktuelle Veröffentlichungen im Literaturmagazin Tentakel und in der Decision.

Menschliche Grenzgänge darzustellen und auszuloten – Wolfgang Schimmels erster Prosaband *Geschrei des Raben* ist für ihn ein Beitrag dazu.

Eva-Maria Silber, Kirsten Wilczek,
Vor.Sicht Ab.Gründe, Crime Stories
168 Seiten, chiliverlag 2017
ISBN 978-3-943292-62-6
EUR 10,20

Eva-Maria Silber ist eine der Preisträgerinnen des Kurzgeschichtenwettbewerbs 2016 des chiliverlags. In dem vorliegenden Band beweist die Krimiautorin und ehemalige Rechtsanwältin einmal mehr ihr Können.

Mit der Autorin Kirsten Wilczek, ebenfalls eine Frau des Rechts, holte sich Eva-Maria Silber die ideale Partnerin für ihr abgrundtief „böses" Projekt ins Boot. When Law&Order meets Crime ...

Norbert J. Wiegelmann, **Andere Beziehungen:**
Bieder, bissig, bös, bigott – 41 Stories
296 Seiten, chiliverlag 2017
ISBN 978-3-943292-58-9
EUR 13,90

Außerordentlich dicht sind die Episoden, die Norbert Wiegelmann hier präsentiert. Und zudem in einer höchst angenehmen, niveauvollen Sprache formuliert ... Die Dichte der kleinen Handlungen korrespondiert zudem mit einer ausgesprochen berührenden Atmosphäre. Andreas Thiemann, Westfalenpost

... seine Geschichten: unterhaltsam, wenn auch zuweilen makaber, manchmal düster, dafür aber mit schwarzem Humor, treffend formuliert und gespickt mit Ideen. ... im Stil an den britischen Schriftsteller Roald Dahl [erinnernd] ... Soester Anzeiger

Ingo-Maria Langen, **Kammer der Tränen**
Vatikanthriller
416 Seiten, chiliverlag 2017
ISBN 978-3-943292-48-0
EUR 19,90

Skandale beherrschen den Vatikan: Nicht genug damit, dass die Kurie in Schwarzkontenaffären, Bestechung und Geldwäsche verstrickt ist – nun kommt auch noch der himmelschreiende, systematische sexuelle Missbrauch Minderjähriger ans Licht. Die Täter: Priester der katholischen Kirche. Zu viel für den Papst, der bereits zurückgetreten ist. Das Konklave steht bevor.

„Kammer der Tränen" erzählt aus zahlreichen Blickwinkeln von Macht und Intrige, Geld und Glauben, Kirche und Staat, Wahrheit und Lüge, Schuld und Sühne, Sex und Liebe.

Erschienen im **chiliverlag** (Auswahl):

Klára Hůrková, Licht in der Manteltasche. Gedichte
ISBN 978-3-943292-86-2

Wolfgang Oppler, Zimtrausch, Kaufbaum, Tannenstern
Weihnachtsgeschichten
ISBN 978-3-943292-83-1

Rolf Birkholz, Das Fell der Welt. Gedichte
ISBN 978-3-943292-80-0

Eva Masthoff, Vom Geschmack der Erinnerung. Erzählungen
ISBN 978-3-943292-77-0

Fritz Deppert, Rückrufe. Gedichte
ISBN 978-3-943292-73-2
Fritz Deppert, Klagelied winterzu. Gedichte
ISBN 978-3-943292-57-2

Franziska Röchter (Hg.), wir wölfe. Gedichte
ISBN 978-3-943292-45-9
Franziska Röchter (Hg.), Herzschlaf. Gedichte und Kurzprosa
ISBN 978-3-943292-35-0

Alex Dreppec, Tanze mit Raketenschuhen – Dance with Rocket Shoes
Science Slam Poetry
ISBN 978-3-943292-50-3

Franziska Röchter, Artenvielfalt. Gedichte für ein besonderes Kind
Hardcover: ISBN 978-3-943292-87-9
Softcover: ISBN 978-3-943292-89-3

Pepperminz

www.chiliverlag.de